BETWEEN

Darkness

AND

Light

Andrea Benesch

Bibliografische Information der Deutschen Nationalbibliothek: Die Deutsche Nationalbibliothek verzeichnet diese Publikation in der Deutschen Nationalbibliografie; detaillierte bibliografische Daten sind im Internet über dnb.dnb.de abrufbar.

Herstellung und Verlag: BoD – Books on Demand, Norderstedt

Coverdesign

Coverstube

Schlussredaktion

Bettina Bergmann

ISBN

978-3-754316-71-9

Triggerwarnung

Einige Gedichte in diesem Buch behandeln möglicherweise triggernde Themen, darunter Mobbing, psychische und verbale Gewalt, Stalking und Traumaerscheinungen.

Bei manchen Menschen können diese Themen negative Reaktionen auslösen. Bitte sei achtsam, wenn das bei dir der Fall ist.

Solltest du von einem der genannten Themen direkt betroffen sein und Hilfe brauchen, wende dich bitte an eine der folgenden Stellen:

Mobbing

„Mobbing-Hilfetelefon"   **0800 0 116 016**

„Nummer gegen Kummer"   **116 111**
für Kinder und Jugendliche
für Eltern Betroffener   **0800 111 0 550**

Zudem gibt es in allen Bundesländern eigene Beratungsstellen.

Stalking

Hilfetelefon, Gewalt gegen Frauen   **0800 0 116 016**

Der Weiße Ring
https://weisser-ring.de/praevention/tipps/stalking

Zudem gibt es auch hier mittlerweile in allen Bundesländern Beratungsstellen.

VOR*wort*

Dies ist mein mittlerweile fünftes Vorwort und ich bin einfach nur überwältigt davon, dass es immer weitergeht. Es erscheint mir nach wie vor unwirklich. Fünf Gedichtbände – meine Worte dort draußen in der großen Welt.

Für mich ist das Schreiben so wichtig wie die Luft zum Atmen. Ohne die Worte wäre ich nicht ich. Sie gehören zu mir wie Muse, meine ewige Begleiterin, die allerdings ein bisschen zu viel Spaß daran hat, mich mitten in der Nacht zu wecken und zum Schreiben zu zwingen. Aber dafür rettet sie mich auch jedes Mal wieder, wenn die Dunkelheit überhandnimmt und mich zu verschlingen droht.

In diesem Gedichtband erwartet euch wie immer eine bunte Mischung. Wie der Titel schon verspricht, geht es um „Darkness and Light" – um Dunkelheit und Licht. Die zwei Seiten des Lebens. Da auch eventuell triggernde Themen behandelt werden, hat auch dieser Band wieder eine Triggerwarnung bekommen. Ich rate euch auch dieses Mal dringend zu Taschentüchern – ihr kennt mich ja.

Da die Liste mit den Songtiteln die letzten Male so gut angekommen ist, habe ich auch bei diesem Band aufgepasst, welche Lieder mich inspiriert haben. Ich habe sie alle für euch vermerkt und am Ende des Buches noch einmal die Titel und Interpreten aufgelistet. Ihr könnt also, wenn ihr wollt, den Soundtrack zu „Between Darkness and Light" hören.

Und nun wünsche ich euch wundervolle Lesestunden mit „Between Darkness and Light" und hoffe, dass meine Worte euch dabei helfen, zu erkennen, dass ihr nicht allein seid mit euren Gedanken und Gefühlen. Lasst euch von mir auf eine Reise mitnehmen durch die Abgründe meiner Seele und die strahlenden Lichter, die mir immer wieder Auftrieb geben.

Eure
Andrea

BETWEEN

Darkness

AND

Light

LÜGEN

Ich weiß nicht mehr, was ich noch glauben soll.
Früher habe ich dir alles geglaubt,
ich hatte keinen Grund, an dir zu zweifeln.
Heute ist das anders.

Ich kann Wahrheit und Lüge nicht mehr unterscheiden.
Du bist zu gut darin geworden, zu lügen.

Mühelos schaust du mir ins Gesicht
und reihst eine Lüge an die andere.
Du vermischst Lüge mit Wahrheit
und ich stehe hilflos daneben
und kann nichts tun.

Wann hast du angefangen,
mich zu belügen?
Wann hast du aufgehört,
ehrlich zu mir zu sein?
Warum hältst du es für nötig,
dir eine Lüge nach der anderen auszudenken?

Du erwartest von mir, brav alles zu schlucken,
was du mir auftischst.

Du wirst wütend,
wenn ich deine Geschichten hinterfrage.
Was ist aus uns geworden?
Wie, denkst du, soll es mit uns weitergehen?

Früher waren so viel Vertrauen und Liebe zwischen uns.
Mittlerweile ist die Straße unserer Beziehung
mit Lügen und gebrochenen Versprechen gepflastert.

Ich erkenne dich nicht wieder.
Ich hatte schon länger Probleme damit,
in dem Mann, der vor mir steht,
den Mann zu finden,
in den ich mich verliebt habe.
Und ich hätte nie gedacht,
dass dieser Tag einmal kommen würde –
und schon gar nicht jetzt.
Aber es ist so.

Ich erkenne dich nicht wieder.
Du bist zu jemandem geworden,
der mir fremd ist,
zu jemandem, den ich nicht mehr liebe
oder auch nur respektiere.
Du hast meinen Respekt verloren
und meine Liebe.
Deine Lügen haben sie erdrosselt.

Ich kann so nicht weiterleben.
Ich will nicht länger warten,
bis dein Kartenhaus aus Lügen zusammenbricht.
Ehrlich gesagt, habe ich Angst davor,
was ich entdecke, wenn ich noch länger warte.
Ich habe Besseres verdient als das.

Ich habe genug von deinen Lügen
und gebrochenen Versprechen.
Ich habe eingesehen,
dass der Mann, den ich geliebt habe,
endgültig fort ist.
Also leb wohl.
Meine Koffer sind gepackt,
und keine Lüge dieser Welt wird mich dazu bringen,
auch nur einen Tag länger zu bleiben.

Eva Cassidy - Fields of gold

Vielleicht

Vielleicht bin ich nicht das, was du erwartet hast.
Vielleicht habe ich mich verändert.
Vielleicht bin ich eine Enttäuschung für dich.
Vielleicht bist du aber auch eine für mich.

Im Grunde ist es doch egal,
was du über mich denkst.
Viel wichtiger ist,
ob ich selbst mit mir leben kann,
ob ich meinen Anblick im Spiegel ertrage.
Und das tue ich definitiv.
Egal, wie oft du mich kritisierst.
Egal, wie oft du mich verletzt.
Egal, wie oft du mich zum Weinen bringst.

Ich weiß, dass es so nicht weitergehen kann.
Du tust mir nicht mehr gut.
Aber es ist hart, mir einzugestehen,
dass das mit uns keine Zukunft mehr hat.
Doch mir ist klar, dass es so ist.

Wann war das letzte Mal,
dass du mich zum Lachen gebracht hast?

Weißt du es noch?
Ich kann mich nicht erinnern.
Wann war das letzte Mal,
dass du nach Hause kamst und mich angelächelt hast?
Kannst du dich erinnern?
Ich bin mir nicht mehr sicher.
Wann war das letzte Mal,
dass du mich angebrüllt hast?
Weißt du es?
Vor einer Stunde.
Wann war das letzte Mal,
dass du mich beschimpft hast?
Ist es dir überhaupt noch bewusst, wenn du es tust?
Es war vor fünfzehn Minuten.
Wann war das letzte Mal,
dass du mich zum Weinen gebracht hast?
Kannst du mir das sagen?
Es ist jetzt.
Ich weine, wieder einmal, deinetwegen.
Ich weine oft in letzter Zeit.

So kann es nicht weitergehen.
Ich habe keine Kraft mehr dafür.
Ich kann nicht mehr länger um uns kämpfen,
denn ich habe das Gefühl,
es als einzige zu tun.
Ich stehe allein auf verlorenem Posten
und kämpfe und kämpfe und kämpfe.

Ich schlucke, was du mir an den Kopf wirfst,
ich nehme es hin, wenn du mich anbrüllst,
ich versuche so zu sein, wie du mich haben willst.
Aber mir ist jetzt klar geworden,
dass ich diese Person nicht mehr länger sein kann
und will.

Ich bin nicht dein verbaler Punchingball.
Ich bin nicht dein Blitzableiter.
Ich bin deine Freundin.
Oder zumindest war ich das bis eben.
Jetzt bin ich die Frau,
die viel zu lange mit dir zusammen war.
Und endlich erkannt hat,
dass sie mehr verdient als das,
was du zu geben hast.

Ich verdiene mehr,
als ständig angebrüllt zu werden.
Ich verdiene mehr,
als täglich beschimpft zu werden,
gedemütigt zu werden,
erniedrigt zu werden.
Ich brauche dich nicht,
um mich scheiße zu fühlen,
das kriege ich auch gut allein hin.
Ich verdiene mehr als das!

Ich bin nicht perfekt – wer ist das schon?
Aber ich bin mehr wert als das.
Du hast mich nicht verdient.
Und jetzt, endlich, habe ich das auch verstanden.

Vielleicht bin ich nicht das, was du erwartet hast.
Vielleicht habe ich mich verändert.
Vielleicht bin ich eine Enttäuschung für dich.
Aber ganz sicher bist du eine für mich.

Lady Antebellum – Just a kiss

SCHULD

Schuld ist ein schreckliches Gefühl.
Ich glaube, sie ist das schlimmste Gefühl überhaupt.
Sie frisst uns auf,
lähmt uns,
nimmt uns sämtliche Lebensfreude
und lässt nichts mehr von uns übrig.

Die Schuld lässt uns niemals los.
Die Schuldgefühle brennen sich in unsere Seelen ein,
unauslöschlich wie ein Tattoo.
Eine ständige Erinnerung an das,
weswegen wir uns schuldig fühlen.

Warum fühlst du dich schuldig?
Und sag jetzt nicht, da gäbe es nichts.
Wir alle haben etwas,
wofür wir uns schuldig fühlen.
Manchmal sind es nur kleine Dinge,
die aber eine große Wirkung auf andere haben.
Würdest du etwas rückgängig machen wollen,
oder etwas tun, das du nicht getan hast?

Schuld geht oft einher mit ihrer Freundin Reue.
Wir bereuen Dinge,

die wir getan oder nicht getan haben.
Unsere Gedanken kehren immer und immer wieder
zu dieser Sache zurück,
wegen der wir uns schuldig fühlen.
Doch hätten wir es wirklich
anders machen können?
Ist es wirklich unsere Schuld,
oder fühlen wir uns einfach nur deswegen
verantwortlich,
weil es jemanden geben muss, der schuldig ist?
Und wenn niemand anderes da ist, sind es eben wir?
Oder spricht da der Narzisst aus uns?
Dass wir denken,
unsere Entscheidungen hätten so eine große
Wirkung auf andere?
Überschätzen wir uns vielleicht am Ende einfach selbst?
Unsere Bedeutung,
unsere Reichweite?

Schuldgefühle können erdrückend sein.
Sie können alles Schöne aus unserem Leben vertreiben
und lassen nichts übrig,
bis auf dieses bohrende Gefühl der Schuld.
Willst du wirklich,
dass dieses Gefühl über dein Leben bestimmt?
Oder willst du lernen, es zu überwinden?
Es zu besiegen?

Und dein Leben wieder mit Freude
und Licht zu erfüllen?
Ich weiß, was ich will.
Doch um das zu erreichen,
muss ich lernen loszulassen.
Ich muss die Schuld loslassen,
den Selbsthass,
die Vorwürfe,
all das, was mich so viele Jahre gelähmt hat.
Ich will nicht mehr so leben.
Ich will mein Leben genießen,
frei von Schuld,
frei von schlechtem Gewissen,
bloß, weil ich manchmal lächle.
Es ist genug.
Ich habe Jahre an dieses Gefühl verloren,
das muss genügen.
Denkst du nicht auch?
Meinst du nicht auch, es ist endlich genug?

David Gray - Slow Motion

Wände

Zuerst ist es nur ein Gedanke,
ein schmerzhafter Stich in meinem Herzen.
Doch er ist so viel mehr.
Er lässt die Dunkelheit frei,
die mehr und mehr einen dunklen Schleier
über alles legt,
mich von der Außenwelt abtrennt
und in meinem ramponierten Herzen einsperrt,
umgeben von scharfkantigen Splittern
und undurchdringlicher Dunkelheit.

Die Last der Gedanken erdrückt mich.
Ich kämpfe dagegen an,
dränge immer wieder ein paar von ihnen zurück,
doch es kommen immer weitere nach.
Es ist ein unendlicher Kampf,
den ich scheinbar nicht gewinnen kann.

Und so sitze ich hier,
in diesem Raum in meinem Herzen,
abgeschottet von der Außenwelt.
Einsam.

Allein.
Nur die Dunkelheit und ich.

Die Wände rücken näher und näher,
drohen mich zu ersticken,
zu zerbrechen.

Ich mache mich klein,
versuche zu verschwinden,
doch es hilft nicht.
Die Wände kommen näher,
unaufhaltbar.

Wann werden sie mich zerquetschen?
Wird dann überhaupt genug von mir übrig bleiben,
um mich wieder zusammenzusetzen?

Die Wände rücken näher,
Egal, wie sehr ich auch versuche sie aufzuhalten.
Sie rücken näher
und die Panik schnürt mir die Luft ab.

Und da bemerke ich,
dass da ein Riss ist in der Dunkelheit.
Ein kleiner Riss aus Licht.
Ich strecke meine Hand hindurch
und spüre etwas an meinen Fingerspitzen.

Ich greife danach
und ziehe es zu mir in die Dunkelheit.

Ich halte einen Vorschlaghammer in meiner Hand
und plötzlich weiß ich,
was ich tun muss.
Ich weiß, wie ich mich retten kann,
während die Wände näher und näher kommen.

Und ich nehme den Vorschlaghammer
und reiße die Wände ein.
Ich schlage zu, immer wieder
und wieder
und wieder,
bis keine Wände mehr da sind
und die Dunkelheit plötzlich verschwunden ist.

Ich habe überlebt.
Wieder einmal.
Doch ich weiß genau,
der Raum repariert sich von selbst.
Und schon bald
bin ich wieder dort eingesperrt.
Aber jetzt weiß ich,
wie ich entkommen kann.

Shawn Mendes – In my blood

DEINE *Liebe*

Deine Liebe ist keine Liebe.
Du liebst nur, wenn es dir in den Kram passt.
Wenn man sich deiner Liebe als „würdig" erweist.
Wenn man perfekt ist,
nach deinen Maßstäben.

Erkennst du es nicht?
Das ist keine Liebe.
Liebe, echte Liebe, ist bedingungslos.
Sie ist nicht an Erwartungen geknüpft.
Sie ist da, ob man nun die besten Noten schreibt
oder zum unteren Drittel gehört.
Sie ist da, ob man zu den beliebten Kids gehört
oder ein Außenseiter ist.
Sie ist da, ob man dick ist oder dünn,
ob man dem Schönheitsideal entspricht oder nicht.
Sie ist da, wenn du erfolgreich bist
und wenn du versagst.

Deine Liebe ist nicht so.
Deine Liebe ist an Bedingungen geknüpft.
Du liebst nur, wenn dein Gegenüber perfekt ist.
In allen Bereichen, die dir wichtig sind.
Ich bin nicht perfekt genug für deine Liebe,

das weiß ich schon.
Du sagst es mir ja oft genug.

Früher tat das weh.
Gut, wenn ich ehrlich bin, tut es das bis heute.
Aber heute weiß ich wenigstens,
dass es nicht an mir liegt.
Ich bin keine Enttäuschung,
nur weil ich nicht die besten Noten habe
oder das tollste Praktikum absolviere.
Ich bin keine Enttäuschung,
nur weil ich nicht schlank genug bin
oder hübsch genug.

Deine Liebe ist keine Liebe.
Ich habe das erkannt.
Aber ich habe zu lange dafür gebraucht,
um es endlich zu verstehen,
und noch länger,
um endlich diese Gedanken
aus meinem Kopf zu bekommen.
Ich weiß jetzt,
dass es niemals an mir lag,
dass du mich nicht lieben konntest,
sondern von Anfang an an dir.
Du weißt einfach nicht, was Liebe ist.
Und das ist tragisch.

Ich strebe schon lange nicht mehr
nach deiner Anerkennung,
nach deinem Lob.
Ich werde es nie bekommen.
Denn egal, was ich auch erreicht habe,
du erinnerst mich ständig an meine Fehler
und Misserfolge.
Du verletzt mich mit jedem Wort,
jeden Tag.
Es ist genug.
Es ist endlich genug.

Deine Liebe ist keine Liebe,
das weiß ich jetzt.
Und ich will echte Liebe in meinem Leben.
Ich verdiene sie.
Und deshalb kehre ich dir den Rücken zu.
Für immer.
Ich hoffe, irgendwann
wirst auch du zu echter Liebe fähig sein.

Lina Maly – Schön genug

UNSICHERHEIT

Ich hasse meine Unsicherheit.
Ich versuche ständig mir einzureden,
dass ich selbstbewusst bin,
mutig,
und nicht immer so ängstlich.

Aber es klappt nicht.
Ich schaffe es nicht, diese Zweifel abzuschalten.
Sie sind einfach viel zu laut in meinem Kopf.
Ich habe es doch auch geschafft,
mir einzureden, dass ich ihre Blicke nicht sehe.
Dass ich ihr Tuscheln nicht höre.
Dass mir ihre Worte nicht weh tun.
Warum geht es dann dieses Mal nicht?

Ich weiß, es war nicht echt.
Ich habe ihre Blicke trotzdem gesehen.
Ich habe ihr Tuscheln trotzdem gehört.
Und ihre Worte
haben tiefe Wunden in meine Seele gerissen.
Manchmal spüre ich den Schmerz noch heute.
Aber es hat mir geholfen,
mir einzureden, dass es eben nicht so ist.

Es zu verdrängen,
es auszublenden.
Warum funktioniert das dann heute nicht mehr?
Warum?

Warum denke ich immer,
wenn jemand wütend ist,
dass ich schuld sein muss?
Warum schaue ich immer über meine Schulter,
wenn ich ein Lächeln sehe?
Warum glaube ich automatisch,
dass ich nicht gemeint sein kann?

Warum bin ich so unsicher?
Warum kann ich nicht selbstbewusst sein?
Warum kann ich nicht selbstsicher auftreten?
Warum sind da ständig diese Zweifel in meinem Kopf?
Warum werde ich diese Gedanken einfach nicht los?

So viele Dinge machen mich unsicher.
Jeder abschätzige Blick.
Jeder verächtliche Kommentar.
Ja, sogar lautes Lachen oder Kichern in meiner Nähe.
Ich interpretiere da immer hinein,
dass über mich gelacht wird.
Dass sich jemand über mich lustig macht.
Viel zu oft war es ja auch so.

Sind das „Folgeschäden" aus diesen Jahren?
Ist es eine automatische Abwehrreaktion?
Einfach, weil ich unterbewusst ständig mit Ablehnung,
Spott,
Häme,
Hass
und Verachtung rechne?
Ist es eine Überreaktion?
Ich weiß es nicht.
Ich wünschte einfach,
ich müsste mir über so etwas nicht den Kopf zerbrechen.

Ich habe diese Jahre überstanden.
Ich habe Narben davongetragen,
unsichtbar für eure Augen,
aber sie sind da.
Und ich auch.
Es gab Zeiten,
da hätte ich es nicht für möglich gehalten.
Aber ich bin noch da.
Warum kann ich diese Zeit
nicht einfach hinter mir lassen?
Warum kann ich das nicht abhaken?
Vergessen?
Warum ist all das ständig präsent?
Warum bestimmten ihre Worte
bis heute über mein Leben?

Ich will nicht länger so unsicher sein.
Ich will nicht immer davon ausgehen,
dass ich an allem schuld bin.
Ich will mich nicht mehr umdrehen,
wenn ich jemanden lächeln sehe,
auf der Suche nach der Person,
der das Lächeln gilt.
Ich will daran glauben,
dass es an mich gerichtet ist.
Ich will davon überzeugt sein,
es wert zu sein, angelächelt zu werden.
Ich will nicht mehr Angst haben.
Ich will frei von meiner Vergangenheit sein.
Ich will endlich leben.
Frei von Unsicherheiten.
Selbstbewusst.
Mutig.
Hilfst du mir dabei?

Sarah Connor - Wie schön du bist

DRACHEN*schnur*

Warum glaubst du an mich?
Warum hast du mich nicht schon längst aufgegeben?
Ich bin nicht hell.
Ich bringe keinen Spaß,
keine Freude,
kein Licht.
Ich bin dunkel.
Ich trage diesen dunklen Schmerz in mir,
den ich einfach nicht loswerden kann.
Ich will dich nicht deprimieren.
Ich will nicht, dass du dein Licht verlierst,
weil du zu viel Zeit mit mir verbringst.

Warum glaubst du trotzdem an mich?
Warum willst du mich nicht aufgeben?
Es gibt so viele andere Frauen dort draußen,
die besser zu dir passen würden.
Die ihr Licht mit deinem verbinden würden,
damit ihr gemeinsam umso heller stahlt.
Warum wählst du dennoch mich?
Was siehst du in mir?

Und warum schaffst du es, dass ich dir vertraue?
Ich vertraue niemandem.

Nicht mehr.
Warum vertraue ich dann dir?
Wie hast du das gemacht?
Wie schaffst du es,
dass ich diese Wärme spüre,
wenn du in meiner Nähe bist?
Dass ich innerlich zu verbrennen glaube,
wenn du mich im Arm hältst,
ohne dass es weh tut.

Und wie machst du es,
dass ich an deine Worte glauben will,
wenn du mir sagst:
Lass los.
Lass alles los.
Lass die Angst los.
Lass die Zweifel los.
Lass ihre Worte los.
Lass ihren Hass los.
Lass ihre Missgunst los.
Lass ihren Neid los.
Lass ihre Kritik los.
Lass einfach alles los.
Und flieg.

Flieg und schau nicht nach unten.
Flieg und hab keine Angst.
Denn ich halte deine Drachenschnur.

Ich erde dich.
Ich sorge dafür,
dass du nicht verloren gehst.
Ich bin da.
Ich bleibe da.
Ich halte dich,
gleich, was kommen mag.
Ich bin dein Anker.
Ich werde verhindern,
dass du den Kontakt zum Boden verlierst.

Also flieg.
Flieg und sei frei.
Flieg und genieß es, schwerelos zu sein.
Flieg und lass alles los.
Lass es mich für eine Weile tragen.
Flieg.
Flieg.
Flieg.
Ich halte dich.

Sarah Connor – Wie schön du bist

DARK *Rose*

Ich weiß nicht, ob es faszinierend
oder doch eher erschreckend ist,
wie häufig ich noch immer an dich denke.
Immer wieder tauchst du in meinen Gedanken auf,
aus heiterem Himmel,
ohne Vorwarnung.
Du bist einfach plötzlich da.

Andererseits ist es nicht verwunderlich, oder?
Du warst so viele Jahre Teil meines Lebens.
Warst dessen Mittelpunkt.
Ist es da überraschend,
dass ich mich an dich – an uns – erinnere
und mich frage,
was du wohl so machst?
Ob du auch an mich denkst?

Du warst bei vielen prägenden Erlebnissen dabei,
standst in der ersten Reihe oder warst direkt beteiligt.
Du gabst mir meinen Spitznamen,
Dark Rose.

Dunkle Rose,
weil hübsch, aber mit Dornen.
Aber du wolltest mich nicht einfach nur
hübsch sein lassen,
mich ab und an betrachten.
Du wolltest mich für dich allein.

Du wolltest, dass ich dir allein gehöre.
Dass ich mit keinem anderen rede,
dass mich niemand sieht außer dir.
Du wolltest eine Rose hinter Glas,
abgeschottet von der Außenwelt,
beschützt,
aber auch gefangen.

Du hast nicht gesehen,
dass dein Handeln,
deine Sucht nach Kontrolle,
deine Gier nach Macht,
mir nach und nach alle Blütenblätter ausgerissen haben.

Ich habe dich gestochen mit meinen Dornen,
doch es war dir egal.
Es hat dir gefallen, mich zu unterwerfen,
mir zu beweisen,
dass du stärker warst als ich,
mir überlegen.

Ich war viel zu lange hinter Glas.
Ich habe kaum noch Blütenblätter
und meine Dornen sind mittlerweile stumpf.
Aber ich habe dich dennoch besiegt.
Ich habe dein Gefängnis gegen dich benutzt
und mich befreit.
Ich bin dir entkommen.
Ich bin nicht mehr länger deine Dark Rose,
die du in einen Käfig stecken kannst.
Ich bin so viel mehr als das!

Trotzdem denke ich nach wie vor oft an dich.
Du denkst, du hast mich gebrochen,
aber ich bin heute stärker als je zuvor.
Ich weiß, wie viel ich verkraften kann.
Ich weiß, wie man in der Hölle überlebt.
Ich weiß, dass ich stärker bin als du.
Du machst mir heute keine Angst mehr.
Ich habe es einmal geschafft,
dir zu entkommen.
Und wenn ich muss, schaffe ich es auch erneut.

Du hast keine Macht mehr über mich.
Ja, ich denke immer wieder noch an dich,
aber nicht, weil ich Angst vor dir habe,
sondern um mich daran zu erinnern,
was ich geschafft habe.

Es tut mir leid um die guten Zeiten,
die es einst auch gegeben hat.
Ich kann die Erinnerung an sie nicht mehr genießen,
zu sehr haben die schlechten Zeiten sie überschattet.
Aber dank dir weiß ich, dass ich nicht zerbreche,
egal, was auch kommen wird.
Ich bin stark.
Ich bin Dark Rose.
Ich bin hübsch und habe Dornen.
Ich kann mich wehren
und ich werde nie mehr hilflos sein.

Maisy Stella - Dear Fear

GEGEN*sätze*

Warum kannst du dich nicht
mit meinen Augen sehen?
Du hältst dich für unterlegen,
weil du nicht studiert hast und ich schon.
Doch du hast so viel mehr zu bieten
als akademische Titel!
Es ist mir egal,
welchen Schulabschluss du hast!
Ich interessiere mich für dich,
nicht für deine akademische Laufbahn.

Du betonst immer wieder,
wie klug ich bin,
wie gebildet,
wie wortgewandt.
Alles Dinge, die du angeblich nicht bist.
Aber du gehörst zu den klügsten Menschen,
die ich kenne!
Warum siehst du das nicht?
Wo ich Probleme sehe,
siehst du Lösungen.
Dir reicht ein Blick, um so vieles zu erfassen,

und es gibt nichts Handwerkliches,
was du nicht möglich machen könntest.

Warum gewichtest du das alles so viel geringer
als meine Uni Abschlüsse?
Siehst du denn nicht,
dass wir funktionieren,
gerade weil wir so verschieden sind?

Dich schüchtern meine Abschlüsse ein,
mich deine Schönheit.
Du wirst nicht müde, mich zu fragen,
warum ich mich für dich interessiere.
Und ich frage mich umgekehrt dasselbe.
Ich könnte so viel gebildetere Männer haben,
sagst du.
Du könntest so viel schönere
und schlankere Frauen haben.
Aber du willst sie nicht.
Du willst mich.
Warum kannst du es dann nicht akzeptieren,
dass ich dich genauso sehr will?

Ich lese gern.
Du erschaffst gern Dinge mit deinen Händen.
Ich schreibe wie unter Zwang.
Du willst immer wissen, wie Dinge funktionieren.
Ich bleibe gern zu Hause.

Du gehst gern aus.
Wir sind so gegensätzlich,
aber gerade das macht uns aus.

Die meisten Menschen langweilen mich schnell.
Mit dir habe ich mich noch nie,
nicht einmal für eine Minute gelangweilt.
Wir haben unterschiedliche Interessen
und Begabungen,
aber gerade deswegen
geht uns niemals der Gesprächsstoff aus.
Du versuchst zu verstehen,
warum ich beim Lesen manchmal in Tränen ausbreche,
ich versuche zu verstehen,
wie dein neuestes Projekt funktioniert
und warum es dich so fasziniert.

Wir sind wie Feuer und Wasser,
Himmel und Erde.
Gegensätze, die gegensätzlicher nicht sein könnten
und trotzdem – oder gerade deshalb –
unbeschreiblich glücklich.

Sieh dich mit meinen Augen.
Du hast so viel zu geben.
Du bist klug.
Du weißt so viel!
Du findest immer eine Lösung

und du bist mein Fels.
Du bist mein Zuhause
und deine Arme sind mein sicherer Ort.

Ich hoffe, eines Tages erkennst du,
dass wir durchaus ebenbürtig sind.
Wir sind Gegensätze,
aber gemeinsam sind wir eine Einheit.
Erkenne es endlich.
Und fang an, uns für unsere Gegensätze zu feiern,
so wie ich es tue.
Sieh dich mit meinen Augen,
denn ich liebe, was ich sehe.

Wincent Weiss - Right now

ICH TANZE *allein*

Du starrst mich an.
Ich ignoriere dich.
Ich bewege mich weiter im Takt der Musik.

Du pirschst dich an,
ich kann dich hinter mir spüren.
Du legst mir die Hand auf die Hüfte,
doch ich weiche dir aus.
Ich tanze allein.

Ich tanze,
ein Körper unter vielen.
Ich nehme sie gar nicht wahr, weißt du?
Die Menschen um mich herum.
Ich tanze,
lausche der Musik,
bewege mich
und blende alles andere aus.

Ich weiß, dir gefällt, wie ich mich bewege.
Aber ich tanz nicht für dich.
Ich tanze für mich.
Nur für mich.

Ich tanze, weil ich es muss.
Ich tanze, weil ich es brauche.

Ich tanze immer allein.
Ich brauche keinen Partner,
keine Freunde,
keine Gruppe.
Ich würde auch ganz allein auf einem Feld tanzen,
aber dort kann ich die Musik nicht so fühlen wie hier.

Hier ist die Musik überall.
Sie beschallt den Raum
und ich spüre sie in mir vibrieren.
Sie treibt meine Füße an.
Sie lässt meinen Körper sich bewegen.
Sie diktiert mir jede Drehung,
jedes Schlenkern der Arme.
Die Musik ist meine Partnerin.
Die einzige, mit der ich je tanzen werde.

Ich weiß, du möchtest mit mir tanzen,
aber ich muss dich enttäuschen.
Ich spüre deine Arme,
wie sie sich um mich schließen.
Du willst mich an dich ziehen,
aber ich drehe mich weg.
Gib es auf.
Ich tanze allein.

Ich kann spüren, dass du frustriert bist,
aber endlich gibst du auf.
Ich bin erleichtert.
Ich schließe die Augen
und gebe mich wieder der Musik hin.
Meiner Freundin,
meiner Vertrauten.

Ich tanze
Und tanze
Und tanze.
Ich drehe mich.
Ich bewege die Arme.
Ich überlasse ihr die Führung.
Ich tanze allein.
Und fühle mich so vollständig wie sonst nie.
Ich tanze.
Tanze,
tanze.

Elle Fanning – Dancing on my own

WO *bist du?*

Wo bist du heute?
Wirst du dich mir zeigen?
Oder ist heute wieder einer der Tage,
an denen du mit mir Verstecken spielst?

Ich weiß, dass du da bist.
Du bist immer da.
Folgst du mir heute
oder hast du mir wieder ein Geschenk hinterlassen?
Einen Brief,
eine einzelne Rose,
ein Foto?

Du liebst es, mit mir zu spielen.
Egal, ob du mir etwas hinterlässt
oder mich einfach nur deine Schritte hören lässt.
Manchmal stellst du dich auch gut sichtbar hin,
damit ich dich sehe.
Damit ich nicht vergesse,
dass du immer in meiner Nähe bist
und es immer sein wirst.

Ich spüre deine Blicke.
Manchmal glaube ich fast,
deinen Atem in meinem Nacken zu fühlen.
Aber so nah kommst du mir nie.
Du willst, dass ich weiß, dass du da bist,
aber du weichst jeder Konfrontation aus.
Es geht dir nur darum, mir Angst zu machen.

Ich habe Angst.
Angst, dass dir deine Spielchen
irgendwann nicht mehr reichen werden,
dass es nicht mehr genug sein wird.
Dass du mir etwas antun willst.

Warum ich?
Warum versetzt du mich in Angst und Schrecken?
Was gibt dir das?
Warum spielst du deine kranken Spiele
ausgerechnet mit mir?

Aber es ist müßig, mich das zu fragen, oder?
Du wirst es mir nicht sagen.
Und auch niemand sonst.
Ich bin einfach nur eine Zahl in einer Statistik,
die niemanden interessiert.

Es ist egal, wie früh oder spät
ich mich auf den Weg mache,

du bist trotzdem da.
Es ist egal, wie viele Umwege ich gehe,
wie häufig ich umziehe,
oder meine Nummer ändern lasse.
Du findest mich immer wieder.
Es ist egal, wie oft ich um Hilfe bitte,
niemand kann etwas tun.
Du bedrohst mich ja nicht.
Du verfolgst mich nur.
Du sprichst nicht mit mir,
du berührst mich nicht
und ich kenne nicht einmal deinen Namen.

Und so schaue ich mich wieder um,
sobald ich das Haus verlasse.
Ich suche nach dir, damit ich wenigstens weiß,
wo du dich heute versteckst.
Es ist leichter, wenn ich dich sehen kann.
Wo bist du heute?
Und wo wirst du morgen sein?
Und übermorgen?
Und am Tag darauf?

Denmark + Winter - Enjoy the silence

ABSCHIED

Wie kann es sein, dass ich neben dir liege
und mich fühle, als wärst du meilenweit entfernt?
Du schläfst tief und fest
und ich betrachte dein Gesicht.
Wie kann es sein, dass es sich anfühlt,
als würde ich neben einem vollkommen Fremden
liegen?

Ich erkenne dich nicht wieder.
Sag mir, wann haben wir uns so sehr verändert?
Du bist die meiste Zeit genervt von mir.
Du wirfst mir plötzlich Dinge vor,
die du einst an mir geliebt hast.
Du bist gemein geworden.

Du kennst all meine wunden Punkte.
Ich habe sie dir alle anvertraut,
in der Gewissheit,
dass du sie nie gegen mich verwenden würdest.
Offensichtlich habe ich mich getäuscht.

Du weißt was du sagen musst,
um mich zu verletzen.
Warum sagst du es dann?

Und warum starrst du mich dabei an,
als wartetest du auf meine Reaktion.
Als würdest du darauf lauern zu sehen,
ob deine Kugel ihr Ziel getroffen hat.

Das hat sie.
Glaub mir, das hat sie.
Du kannst mich schlimmer verletzen,
als jeder andere Mensch.
Ich dachte nur immer, das würdest du nicht tun.
Warum tust du es jetzt?
Und warum scheint es dir auch noch Spaß zu machen?
Was ist mit uns passiert?

Du verletzt mich
und du freust dich darüber.
Du zielst auf meine wunden Punkte
und du triffst mich damit jedes Mal.
Ist dir nicht klar, dass du damit nicht nur mich verletzt,
sondern auch uns unwiederbringlich zerstörst?
Denn auf dem Weg in mein Herz
zerstören die Kugeln das schützende Uns,
das so lange mein Herz umgeben hat,
mir das Gefühl gegeben hat,
nichts und niemand
könne mich jemals wieder verletzen.
Wie wir sehen, lag ich falsch.

Ich liege neben dir und fühle mich einsamer,
als ich mich jemals allein gefühlt habe.
Wie kann das sein?
Wie kann es sein, dass ich mit dir einsamer bin
als ohne dich?

Ich hätte nie gedacht,
dass ich mich einmal so fühlen würde,
wenn es um dich geht.
Aber jetzt ist es so weit.
Und wenn ich mich allein weniger einsam fühle
als mit dir,
warum sollte ich dann überhaupt noch bei dir bleiben?
Ich glaube nicht mehr daran,
dass das mit uns noch gerettet werden kann.
Warum sollte ich also nicht gehen?
Kennst du einen Grund?

Ich liege neben dir
und verabschiede mich.
Nicht mit Worten, sondern mit Erinnerungen.
Es gibt viele, weißt du?
Wir waren mal so glücklich.
Manchmal kommt es mir so weit weg vor,
fast, als hätte ich es nur geträumt
und es wäre nie wirklich passiert.
Traurig, oder?

Ich wünsche dir ein schönes Leben.
Ich wünsche mir nichts Schlechtes für dich.
Ich hoffe, du findest jemanden,
den du nicht eines Tages hasst.
Ein letztes Mal schaue ich dir ins Gesicht,
dann stehe ich auf und fange an zu packen.
Du wachst nicht auf.
Warum solltest du auch?
Du hast mich schon längst innerlich verlassen.
Ich habe nur zu lange gebraucht,
um es zu verstehen.

Ilse Delange - Leiser

Du

Du kennst meinen Schmerz.
Du weißt, wie es sich anfühlt,
wenn um dich herum nur Dunkelheit ist.
Du verstehst es.
Du verstehst mich.
Und du bist die Einzige, die es schafft,
meine Dunkelheit zu vertreiben.

Wenn ich allein in der Dunkelheit sitze
und jedes positive Gefühl von ihr überlagert wird,
wenn der Schmerz so stark ist,
dass er mir die Kehle zuschnürt
und ich das Gefühl habe,
nie wieder atmen zu können,
wenn ich mich einsam,
allein,
unverstanden
und ungeliebt fühle,
und die Dunkelheit mir einreden will,
dass sich das niemals ändern wird,
bist du da.

Du bist es,
die jedes Mal die Dunkelheit durchdringt.
Die ein Loch in die Wolken reißt
und ihr Licht auf mich richtet.
Du bist es,
die mir einen Rettungsring zuwirft,
die mich in die Arme nimmt
und mir hilft, die Dunkelheit
aus mir heraussickern zu lassen.
Du hast mir das Werkzeug dafür in die Hand gedrückt.
Du hast mir die Fähigkeit gegeben,
mit diesen Dunkelheitsattacken zu leben.
Du hast mir die Rettungsweste angezogen,
damit ich niemals untergehe.

Du bist mein Rückhalt.
Du kennst meinen Schmerz wie sonst niemand.
Denn du teilst ihn.
Du bist ein Teil von mir,
meine andere Hälfte.
Und nur gemeinsam schaffen wir es,
die Dunkelheit zu vertreiben.

Du bist meine Retterin,
meine Vertraute,
meine Heldin.
Die helfende Hand in der Dunkelheit,
die Taschenlampe, die die Finsternis durchdringt.

Und mit dir an meiner Seite
gelingt es mir jedes Mal aufs Neue,
die Dunkelheit zurückzudrängen.

Turin Brakes - Save You

DÄMONEN

Es ist faszinierend, oder?
Wie plötzlich sich die Dämonen deiner Vergangenheit
manchmal aus der Versenkung erheben.
Du denkst, du hast sie hinter dir gelassen,
nur um ihnen auf einmal
Auge in Auge gegenüberzustehen.

Eben war noch alles in Ordnung und dann –
ein Geruch,
eine Erinnerung,
ein Wort
– und plötzlich ist nichts mehr in Ordnung.

Gedanken und Erinnerungen kreisen in deinem Kopf
und du spürst,
wie deine Dämonen
die Wunden deiner Seele erneut aufreißen.
Sie zerfetzen deine mühsam geflickte Seele
und trinken dein Blut.

Die Wucht dieses Angriffs raubt dir den Atem
und du weißt gar nicht, wie du reagieren sollst.
Glaub mir, ich kenne das.

Du gehst in die Knie
und es fühlt sich plötzlich unmöglich an,
jemals wieder aufrecht zu stehen.

Der Schmerz ist so schlimm,
dass du dich am liebsten
nur noch klein zusammenrollen willst.
Aber wenn du das tust,
hast du verloren.

Ich weiß, es tut höllisch weh.
Ich weiß, weitermachen fühlt sich unmöglich an.
Aber willst du wirklich aufgeben?
Willst du dich wirklich
von diesem Schmerz auffressen lassen?
Dein Leben aufgeben?
Du weißt so gut wie ich,
dass er nicht für immer da sein wird.
Es gibt Zeiten, in denen du ihn nicht spürst,
in denen du sogar glücklich bist.
Sind sie es nicht wert zu kämpfen?

Also leg deine Rüstung an,
zieh dein Schwert und erschlage deine Drachen.
Niemand kann es für dich tun,
du musst es selbst schaffen.
Wir wissen beide,
dass der Sieg nicht dauerhaft sein wird,

aber er verschafft dir Zeit.
Zeit, in der dir deine Dämonen
nicht all diesen Mist einflüstern.
Zeit, in der du die Chance hast, all das Gute da draußen
in vollen Zügen zu genießen.
Zeit, die du verdient hast.
Also kämpf.
Nicht für mich, sondern für dich.
Kämpf.
Glaub mir, es lohnt sich.

Imagine Dragons - Dream

Inspiration

Wer bin ich ohne meine Inspiration?
Bin ich dann überhaupt noch ich,
wenn ich nicht mehr schreiben kann?
Meine Kunst definiert mich,
sie ist es, die mich am Leben und aufrecht hält.
Wer bin ich,
wenn ich keine Worte mehr zu Papier bringen kann?
Wenn das Blatt einfach weiß bleibt?
Wenn die Schreibblockade eben nicht endet,
sondern ewig weitergeht?

Ich brauche die Worte.
Sie sind meine Rettungsleine.
Ich weiß nicht, wer ich bin,
was ich bin
ohne sie.
Wenn diese Stimme in mir plötzlich stumm ist,
fühle ich mich so hilflos
und allein.

Die Worte sind so lange schon ein Teil von mir.
Sie sind einfach immer da.
Wenn der Druck zu groß wird,

der Schmerz mich zu verschlingen droht,
sind sie da.
Sie helfen mir den Druck abzulassen,
die Dunkelheit zu vertreiben,
wieder ich zu sein.

Ich weiß nicht, was ich tun würde,
wenn die Worte plötzlich versiegen.
Ich kann mir ein Leben ohne sie,
einfach nicht mehr vorstellen.
Ich definiere mich über sie.
Das Schreiben ist ein Teil von mir.
Es schenkt mir Frieden.
Und jedes Mal, wenn mir jemand sagt,
dass ihn meine Worte berührt haben, weiß ich,
dass ich etwas kann,
jemand bin,
eine Gabe habe.

Aber mit diesen Glücksgefühlen kommt auch die Angst.
Was, wenn ich es irgendwann nicht mehr kann?
Wenn die Quelle versiegt?
Wenn da einfach keine Worte mehr sind?
Wenn ich alles gesagt habe?
Wer bin ich,
wenn ich nicht schreiben kann?
Wer bin ich,
wenn ich eben keine neuen Bücher veröffentliche?

Wenn ich keine neuen Worte
unter die Menschen bringe?
Ich weiß es nicht.
Aber es fühlt sich so an,
als wäre ich dann nicht mehr ich.

Meine Inspiration ist so sehr ein Teil von mir.
Ich bin es gewohnt, dass sie da ist.
Dass plötzlich diese Worte in meinem Kopf sind
und raus wollen.
Dieser Drang,
beinahe ein Zwang,
zu schreiben.
Worte zu Papier zu bringen,
sie zum Leben zu erwecken,
sie mit Gefühlen zu füttern,
sie zu einem Teil von mir zu machen.
Aber was wird aus mir,
wenn da einfach nichts mehr kommt?
Ich will es gar nicht wissen.

Der Gedanke allein macht mir große Angst.
Ich will nicht darüber nachdenken.
Ich will es gar nicht wissen.
Ich will mir ein Leben ohne meine Inspiration,
ohne meine Worte
gar nicht vorstellen.
Ich hoffe einfach, dass sie mich nie verlassen.

Und so schreibe ich sie weiter auf,
im vollen Bewusstsein darüber,
dass es auch ganz schnell vorbei sein kann.
Aber voller Hoffnung,
dass dieser Tag noch in weiter, weiter Ferne liegt.

Egon - Flügel

NUMMER Eins

Ich weiß, es ist erbärmlich,
was ich hier tue.
Ich sitze mal wieder neben meinem Telefon
und warte darauf, dass du anrufst.
Ich checke alle paar Minuten mein Handy,
ob du mir eine Nachricht geschickt hast,
ob ich Empfang habe,
ob ich erreichbar bin, für den Fall,
dass du versuchst, mit mir Kontakt aufzunehmen.

Ich weiß, es ist das Gegenteil von dem,
wie ich mich verhalten sollte.
Ich sollte nicht hier rumsitzen und warten.
Ich sollte mein Leben selbst in die Hand nehmen.
Etwas unternehmen
und mich nicht von dir abhängig machen.
Aber das schaffe ich nicht.
Du hast gesagt, du meldest dich heute Abend.
Also warte ich,
auch wenn ich weiß,
dass es falsch ist.

Irgendwie schaffe ich es nicht,
die Hoffnung zu begraben,

dass du mich wirklich magst.
War ich nur interessant für dich,
als ich es dir nicht zu leicht gemacht habe?
Bin ich jetzt langweilig geworden,
weil du mich bereits erobert hast?
Ging es dir nur um die „Jagd"?

Du wirfst mir vor, zu klammern.
Du sagst, ich bin zu bedürftig.
Ich stelle zu viele Ansprüche.
Ich enge dich ein.
Ich soll mal „chillen".
Und mit jedem weiteren Wort,
wird mir nur umso deutlicher klar,
dass wir in zwei verschiedenen Welten leben.
Ich will Verpflichtungen.
Ich will etwas Ernstes.
Eine erwachsene Beziehung,
einen Partner, auf den ich mich verlassen kann.
Jemanden, der mein Fels in der Brandung ist,
und der mich das gleiche für ihn sein lässt.

Ist es so falsch von mir,
mir zu wünschen, deine Nummer eins zu sein?
In deinem Leben und für dich Priorität zu haben?
Ich weiß, die Welt dreht sich nicht um mich,
aber ich hatte gehofft
– erwartet –,

dass sich deine Welt
zumindest manchmal eben doch um mich dreht.

Wenn du versprichst anzurufen,
erwarte ich, dass du anrufst.
Wenn du sagst, du kommst vorbei,
rechne ich damit, dass du tatsächlich kommst.
Es verletzt mich,
auf deiner Prioritätenliste
immer weiter nach unten zu rutschen.
Du gibst mir damit das Gefühl, dir egal zu sein.

Vielleicht bin ich das auch, ich weiß es nicht.
Vielleicht ging es dir wirklich nur um die „Jagd".
Vielleicht bist du einfach noch nicht bereit,
für eine ernsthafte Beziehung,
für Verpflichtungen.
Du willst vor allem eins: Spaß.
Habe ich recht?
Aber das ist nicht das, was ich will
oder brauche.

Ich möchte deine Nummer eins sein.
Ich möchte für meinen Partner die Nummer eins sein
und keine lästige Klette.
Ich möchte keine ungewollte Pflicht sein,
kein Punkt auf der To-Do-Liste.

Ich möchte, dass du Zeit mit mir verbringen willst,
dass du anrufst, wenn du es versprichst,
nicht weil du musst,
sondern weil du willst.
Ich möchte, dass du keine Spielchen mit mir spielst
und mir nicht das Gefühl gibst, unerwünscht zu sein.

Je länger ich hier sitze und das Telefon anstarre,
desto klarer wird mir,
dass ich das mit uns nicht beenden muss,
weil es eigentlich schon längst vorbei ist,
meinst du nicht?
Ich bin dir nicht wichtig genug,
um deine Versprechen zu halten.
Ich bin dir nicht wichtig genug,
um mich zu einer Priorität zu machen.
Und ich freue mich nicht mehr so wie früher,
von dir zu hören.
Denn heute höre ich nicht mehr:
„Ich habe dich vermisst.“
„Wann sehen wir uns wieder?“
„Du fehlst mir.“
„ich liebe dich“
Ich höre nur noch:
„Hör auf zu meckern.“
„Klammer nicht so.“
Das ist doch kein Leben, oder?
Ich verdiene mehr als das.

Ich glaube, ich habe genug davon zu warten.
Du willst mich nicht zu einer Priorität machen
und ich habe die Nase voll davon,
mich mit weniger zufriedenzugeben.
Ich habe die Spiele satt.
Du willst es unverbindlich?
Ohne Verpflichtungen?
Dann viel Spaß dabei.
Ich will mehr.
Ich habe mehr verdient.
Also werde ich mich jetzt anziehen,
mein Telefon hier liegen lassen
zusammen mit allen Gedanken an dich,
und jemanden suchen,
der kein Problem mit Verpflichtungen hat,
jemanden, der seine Versprechen hält,
der keine Spiele spielt,
jemanden, der mich zu einer Priorität macht,
zu seiner Nummer eins.
Denn mir ist mittlerweile klar:
dass du das niemals tun wirst.

Elle Fanning – Don´t kill my vibe

PETER Pan

Du bist wie Peter Pan, weißt du?
Ständig auf der Suche nach neuen Abenteuern,
immer auf Achse.
Du willst die ganze Welt bereisen,
einfach alles sehen
und alles tun.
Willst nie erwachsen werden,
immer nur Spaß haben.

Dein Leben dreht sich um deine Abenteuer.
Nichts ist zu gefährlich oder zu verrückt.
Alles klingt nach Spaß und ist aufregend,
spannend,
faszinierend.
Du brauchst den Adrenalinrausch
wie die Luft zum Atmen.
Du brauchst die Natur um dich herum,
in geschlossenen Räumen
hast du es nie lang ausgehalten.

Du bist Peter Pan,
immer brichst du zu neuen Abenteuern auf
und ich bleibe hier und warte auf dich.

Du sagst, ich bin dein Fixstern,
dein Orientierungspunkt.
Dort, wo ich bin, ist dein Zuhause,
ich führe dich immer wieder dorthin zurück.

Und ich freue mich, dass ich dein Anker bin,
aber was ist mit mir?
Glaubst du, es gefällt mir,
dass du ständig verschwindest?
Meistens sogar ohne Vorwarnung.
Eben bist du noch da,
schon kommt eine SMS vom Flughafen.
Du bist fort und ich bleibe hier zurück.
So wie schon hunderte Male zuvor.

Bergsteigen,
Rafting,
Bungeejumping,
Camping,
Wandern.
Australien,
Amerika,
Afrika,
Brasilien,
Peru.
Kein Ziel ist dir je exotisch genug.
Es wird nie genug sein.
Du bist ein Getriebener.

Du hältst es nie lange an einem Ort aus,
bist immer auf der Suche nach dem nächsten Abenteuer,
der nächsten Herausforderung.

Du liebst es, mir von deinen Erlebnissen zu erzählen.
Du strahlst immer so dabei.
Du sagst, du liebst es ebenso,
mich in deinen Armen zu halten.
Aber wie kann das sein,
wenn du mich den Großteil des Jahres
einfach zurücklässt?

Ich wünschte, ich könnte einfach mit dir
auf Abenteuerjagd gehen,
aber das ist nicht meine Welt.
Ich brauche keinen Adrenalinkick,
kein Abenteuer,
keine Gefahr.
Meine Welt ist die der Worte,
der Bücher.
Und für mich ist das absolut genug.
Doch für dich wird es das niemals sein.

Und jedes Mal, wenn du gehst, frage ich mich,
ob du dieses Mal zu mir zurückkehren wirst
oder für immer in Nimmerland bleibst.
Immer auf der Suche nach Abenteuern,
immer auf Achse mit Fremden,

die binnen Minuten zu Freunden werden.
Bin ich noch dein Fixstern?
Dein Anker,
dein Zuhause?
Oder bin ich längst nur noch eine lästige Verpflichtung?
Sag mir, Peter Pan,
werde ich dich heute Nacht an meinem Fenster sehen?
Oder hast du mich längst vergessen?

Eva Cassidy – Fields of Gold

DER *Fluss*

Ich fühle mich so oft verloren.
Wie ein Ast, der einen Fluss hinabtreibt
und immer weiter fortgeschwemmt wird.
Er kann nichts dagegen tun,
ist hilflos der Strömung ausgeliefert.
Genauso fühle ich mich oft.
Als würde ich von der Strömung mitgerissen,
ohne eine Chance,
jemals das rettende Ufer zu erreichen.

Und der Fluss fließt munter weiter,
unbeeindruckt von meinen Versuchen,
ihm zu entkommen.
Ich strample,
paddle,
trete Wasser,
aber nichts hilft.
Ich werde weiter mitgerissen,
ich habe nur die Wahl, mich ihm zu ergeben
oder zu versinken
und zu ertrinken.

Ich will nicht ertrinken.
Aber aufgeben will ich auch nicht.
Warum fühlt es sich nur immer so an,
als wäre ich die Einzige, der es so geht?
Als hätten alle anderen
so viel mehr Kontrolle über ihr Leben,
als würden sie ihre Jobs
so viel leichtfüßiger erledigen als ich,
als fiele ihnen einfach alles leichter als mir?

Mir ist klar, dass das ein Trugschluss ist.
Dass auch die anderen
bestimmt ab und an mal zweifeln.
Ich bekomme das nur nicht mit,
weil niemand mit solchen Gefühlen
und Gedanken hausieren geht.
Ich tue es ja auch nicht.
Ich versuche niemanden sehen oder wissen zu lassen,
wie es in mir drin aussieht.
Dass ich mich so oft überfordert fühle,
unzureichend,
wie eine Enttäuschung.

Ich wünschte,
diese Gedanken würden endlich verschwinden.
Sie begleiten mich schon so lange.
Ich hasse es,
dass mein erster Gedanke

bei einer neuen Aufgabe immer ist:
Das schaffe ich nicht!
Und mein zweiter:
Jemand anderes wäre dafür bestimmt besser geeignet.
Ich zweifle ganz automatisch an mir.
Und immer wieder fühlt es sich so an,
als würden mir eben jene Zweifel
den notwendigen Schubs geben,
der mich in den Fluss stürzen lässt.

Und so strample ich,
paddle,
trete Wasser,
aber nichts hilft.
Ich frage mich,
ob ich eines Tages vielleicht erkennen werde,
dass ich in dem niedrigen Wasser
eigentlich stehen könnte,
oder ob mich dieser Teufelskreis
auf ewig gefangen halten wird.

Meatloaf ft. Marion Raven - It's all coming back to me now

BEDEUTUNG

Es ist faszinierend,
wie manche Sätze schön
oder bedrohlich klingen können,
je nachdem wer es ist,
der sie zu uns sagt.
„Ich würde alles für dich tun."
Romantisch oder beunruhigend?

Es ist romantisch,
wenn man sich dabei verliebt in die Augen schaut
und dabei nur „normale" Dinge
wie eine Tanzstunde im Kopf hat.
Es ist bedrohlich,
wenn statt Liebe
Gier in den Augen deines Gegenübers steht.

„Ich werde dich für immer lieben."
Das wünscht man sich von seinem Partner zu hören,
aber nicht von jemandem,
den man dringend loswerden möchte,
oder gar jemandem,
der einem Angst macht.

„Du gehörst mir."
Unter den richtigen Umständen
können diese Worte romantisch sein,
wenn man sich selbst einander zum Geschenk macht
und damit seiner tiefen Liebe
Ausdruck verleihen will.
Es ist beängstigend,
wenn man diese Worte von jemandem hört,
den man nicht liebt,
von jemandem, der einen besitzen will,
aber im Gegenzug nichts zu geben bereit ist
außer Terror.

Aber es muss gar nicht so extrem werden.
„Du bist wunderschön."
Kann einerseits ein schönes Kompliment sein,
aber hast du je darüber nachgedacht,
ob dein Gegenüber sich Gedanken darüber gemacht hat,
ob zu deinem schönen Gesicht
auch ein kluger Verstand gehört?
Oder ob er dich nur auf dein Äußeres reduziert?
Interessiert ihn deine Intelligenz überhaupt,
oder will er nur eine hübsche Puppe,
die schön aussehen, aber nicht denken soll?

Wie so vieles auf der Welt
haben auch Sätze manchmal mehrere Bedeutungen.
Nicht inhaltlich,

aber wenn es um das geht,
was mit ihnen ausgesagt wird.
Die Intention dahinter kann entscheidend sein.

Meatloaf - I do anything for love (but I won't do that)

FREUNDIN- *Schwester*

Du warst so lange ein so großer Teil meines Lebens,
vielleicht sogar sein Mittelpunkt.
Ich kannte dich besser als jeder andere
und ich habe dir mehr vertraut,
als ich es je für möglich gehalten hätte.
Du warst meine beste Freundin
– nein –
wenn ich ehrlich bin,
warst du mehr wie eine Schwester für mich.

Wir haben so viel Zeit miteinander verbracht,
einander so oft das Herz ausgeschüttet,
miteinander gelacht und geweint.
Wir sind durch harte Zeiten zusammen gegangen,
haben einander gestützt
und der anderen immer beigestanden.
Zumindest dachte ich immer,
dass es so war.

Wir hatten auch unsere schlechten Phasen.
Streit,
böse Worte,
heftige Gefühle,

Funkstille.
Immer wieder haben wir diesen Kreislauf durchlaufen.
Haben uns nähergestanden als Schwestern,
dann haben wir gestritten,
manchmal war es nur eine Kleinigkeit,
es hat sich hochgeschaukelt
und schon herrschte Funkstille,
immer häufiger sogar für Monate.

Seit unserem zweiten Streit
warst es immer du,
die den Kontakt wiederaufgenommen hat,
die mich angeschrieben hat.
Ich habe das nie hinterfragt,
aber heute ist das anders.
Ich habe dir immer vergeben,
immer eine weitere Chance eingeräumt,
egal, wie übel der Streit auch gewesen ist.
Aber dieses Mal nicht.

Nicht, weil der Streit so viel heftiger gewesen wäre,
das war er nicht.
Sondern weil ich während der letzten Funkstille
endlich einige Dinge erkannt habe.
Ich habe so viele Jahre die Augen verschlossen,
ich wollte es wahrscheinlich gar nicht sehen.
Es bedeutete mir so viel, was wir hatten.
Dass wir das Einheit auftraten,

wir beide gegen den Rest der Welt.
Wenigstens dachte ich, dass es so war.

Ich habe nicht gesehen,
dass es eigentlich immer nur du warst,
die ihr Herz ausgeschüttet hat.
Ich habe zugehört.
Immer, wenn ich etwas auf dem Herzen hatte,
hieß es nur: „Dann tu was dagegen."
Und schon war wieder das wichtiger,
was dich aktuell beschäftigt hat.
Nie hast du zugelassen, dass es um mich ging.
Ich habe Jahre gebraucht, um zu erkennen,
dass du immer im Mittelpunkt stehen wolltest
und es nicht ertragen hast,
wenn es nicht so war.

Weißt du noch, unsere Noten?
Wir hatten so oft die gleichen
und jedes einzelne Mal,
konntest du dich über deine gute Note
nicht mehr freuen,
wenn ich die gleiche hatte
oder sogar besser war.
Du hast mir Vorwürfe gemacht,
warst überzeugt davon, es sei nicht „fair",
weil du mehr gelernt hattest, als ich.

Du hast mir Komplexe eingeredet,
hast dafür gesorgt,
dass ich jedes Mal das Gefühl hatte,
die guten Noten nicht verdient zu haben,
weil ich nicht so viel dafür lernen musste wie andere.

Bis heute begleitet mich das.
Ich rechne noch immer damit,
dass irgendjemandem auffällt,
dass ich meine Abschlüsse,
meinen Job,
meinen Erfolg nicht verdient habe,
und mir all das wieder wegnimmt,
weil ich mich nicht hart genug dafür angestrengt habe,
weil es nicht schwer genug für mich zu erreichen war.

Du warst meine Freundin-Schwester,
aber wenn ich uns aus meiner heutigen Sicht
– mit Abstand –
betrachte, wird mir klar,
dass du weder das eine noch das andere warst.
Du warst mir weder Freundin noch Schwester.
Ich weiß nicht, was wir waren.
Ich glaube, wir hatten eine toxische Beziehung,
zumindest war sie es für mich.

Du hast mir so viel Kraft geraubt und Zeit.
Ich musste immer erreichbar für dich sein,

aber sollte dich nicht stören,
wenn bei dir etwas anstand.
Es war dir egal, ob ich beschäftigt war,
ich musste mir Zeit für dich nehmen.
Ich hatte dir zur Verfügung zu stehen,
sonst wäre das ja ein Beweis dafür,
dass du mir nicht so viel bedeutest,
wie du solltest.
Logisch?
Nein.

Weißt du,
was mir nach unserem letzten Streit klar geworden ist?
Ich vermisse dich nicht.
Du fehlst mir nicht in meinem Leben.
Da ist keine Lücke, wo vorher du warst.
Ich fühle mich erleichtert.
Befreit.
Ich bin ohne dich um ein so vieles glücklicher,
als ich es jemals mit dir war.
Und es tut mir nur leid,
dass ich so lange für diese Erkenntnis gebraucht habe.

So sollte es nämlich in einer Freundschaft nicht sein,
weißt du?
Eigentlich sollte man einander fehlen,
die andere vermissen,
sich an die guten Zeiten erinnern.

Soll ich dir sagen, was mir fehlt?
Die Illusion von uns.

Das, was wir in meiner Vorstellung hatten,
in der Realität aber nie geschafft haben.

Ich vermisse es, eine Freundin zu haben,
wie ich dachte, dass du eine wärst,
aber ohne die Manipulationen,
ohne die Vorwürfe,
ohne den Neid.
Denn diese drei sind es,
die du mir immer entgegengebracht hast.

Du hast mich manipuliert
all die Jahre,
von Anfang an,
wenn ich heute so darüber nachdenke.
Ich habe es nicht gesehen,
vielleicht, weil ich es nicht sehen wollte.
„Wenn du mich wirklich lieb hast, dann ...",
war dein Lieblingssatz,
neben
„Warum hast du die gleiche Note wie ich –
du lernst doch kaum!"
und
„Es ist so ungerecht, dass dein Durchschnitt besser ist!"

Erkennst du es jetzt?
Das ist keine Freundschaft

und schon gar nicht ist es mehr als das.
Ich glaube, wir sind vielleicht beide besser dran allein.
Du kannst dich nicht mehr mit mir vergleichen,
vielleicht mildert das den Druck.
Und ich kann mich weiterhin erleichtert fühlen.

Ich vermisse dich nicht
und wenn du dich dieses Mal meldest,
werde ich nicht antworten.
Ich werde nicht einknicken
und dich nicht wieder in mein Leben lassen,
denn es ist besser ohne dich.

Peter Bradley Adams - The longer I run
Radiohead - Fake plastic trees

GLÜCK

Ich habe mir immer geschworen,
niemals deine Fehler zu wiederholen.
Niemals die Menschen, die ich liebe,
für selbstverständlich zu nehmen.
Niemals an meiner Wut festzuhalten
und niemals andere für mein Glück
oder Unglück verantwortlich zu machen.

„Jeder ist seines eigenen Glückes Schmied",
heißt es in einem alten Sprichwort
und das nicht umsonst.
Es ist nicht die Schuld meiner Familie,
wenn ich irgendeinen Job nicht bekomme,
wenn ich nicht im Lotto gewinne,
oder irgendetwas kaputt geht.
Und es wird nicht besser,
wenn ich meinen Frust an ihnen auslasse.
Im Gegenteil,
es wird schlimmer,
weil ich mich hinterher schlecht fühle
und weiß, dass ich sie verletzt habe.

Mein Glück hängt nicht von anderen ab,
ich selbst bin dafür verantwortlich.

Ich muss für mich selbst definieren,
was mich glücklich macht und was nicht.
Glück ist kein Ziel,
kein Endzustand, an dem man ankommen kann
wie an einer Haltestelle bei der U-Bahn.
Glück ist ein Gefühl.
Es ist flüchtig.
Mal ist es da, dann wieder weg.
Du kannst es nicht festhalten,
du kannst es nicht zwingen, für immer zu bleiben.
Du kannst nur dafür sorgen,
dass es viele Dinge gibt,
die dir dieses Gefühl geben.

Was macht dich glücklich?
Ist es wirklich allein zu sein?
Zeit mit der Familie zu vermeiden, wo du kannst,
und alle, die dir nah kommen, zu verbellen?
Macht es dich glücklich,
deinen Frust an uns auszulassen?
Geht es dir dadurch wirklich besser?
Oder lebst du schon viel zu lange so,
dass du gar nicht mehr weißt,
wie es früher war?

Ich weiß es noch, weißt du?
Und ich glaube, das ist schlimmer.
Ich erinnere mich noch an die guten Zeiten.

Damals gehörtest du zu jedem Glück dazu.
Du warst immer maßgeblich
an meinen Glücks-Inseln beteiligt.
Bis du es irgendwann nicht mehr warst
und – im Gegenteil – sogar dafür gesorgt hast,
dass dieses Gefühl
möglichst schnell wieder verschwand.
Warum hast du das getan?
Hast du dich dadurch wirklich besser gefühlt?
Oder wolltest du nur sicherstellen,
dass, wenn du nicht glücklich bist,
es auch niemand anderes ist?
Dass ich es nicht bin?

Es tut bis heute weh,
an diese guten Zeiten zu denken,
die Erinnerungen zeigen mir,
was ich verloren habe.
Und was ich nun stattdessen habe:
Verbitterung,
Frust,
Wut
und vielleicht sogar Hass.
Ich weiß nicht, was in dir vorgeht.
Ich kann nicht in dich hineinsehen,
ich verstehe dich und dein Verhalten nicht
und ich glaube, das werde ich auch nie.
Ich suche noch immer den Menschen in dir,

der du einst warst,
aber ich kann keine Spur mehr von ihm in dir entdecken
und das ist vielleicht das Schlimmste daran.

Ich vermisse den, der du einst warst.
Ich will es nicht,
aber ich kann es auch nicht abstellen.
Dich zu vermissen ist so sehr ein Teil von mir,
wie das Blut in meinen Adern.
Aber ich weiß,
dass ich diese Gefühle wegschieben muss,
wenn ich nicht so enden will wie du.
Ich will nicht andere
für mein Unglück verantwortlich machen.
Ich will nicht anderen das Gefühl geben,
eine Last zu sein,
unerwünscht,
wertlos.
Und schon gar nicht Menschen, die ich eigentlich liebe.

Ich habe mir immer geschworen,
niemals deine Fehler zu wiederholen.
Niemals die Menschen, die ich liebe,
für selbstverständlich zu nehmen.
Niemals an meiner Wut festzuhalten,
und niemals andere für mein Glück
oder Unglück verantwortlich zu machen.
Und ich bete jeden Tag dafür, dass es mir auch gelingt.

Denn gerade diese Menschen sind es,
denen ich die meisten
meiner Glücksmomente verdanke.
Sie sind es, die ich genießen will.
Ich will mich auf die schönen Momente konzentrieren
und nicht an bitteren Erinnerungen festhalten.
Ich will Licht in meinem Leben und nicht Dunkelheit.
Ich habe meine Wahl getroffen.
Was ist mit dir?
Welche Seite wählst du?

Kelly Clarkson - Because of you

NEU*anfang*

Manchmal ist einen Neuanfang zu wagen ganz leicht.
Manchmal ist es aber auch unbeschreiblich schwer.
Manchmal triffst du deine Entscheidung ganz spontan,
du schließt einfach die Augen
und springst von der Klippe.
Manchmal wägst du deine Möglichkeiten tage-,
wochen-,
monate-
oder sogar jahrelang ab,
bis du endlich weißt, was du tun willst
oder musst.

Manche Entscheidungen trifft man
im Bruchteil von Sekunden,
mit anderen quält man sich ewig herum.
Wie kommt das?

Es hat nichts mit ihrer Größe oder Tragweite zu tun,
zumindest nicht für mich.
Manchmal grüble ich ewig über kleine,
ja, winzigste Entscheidungen,
bei denen mir einige schon mehrfach gesagt haben:

„Tu es doch einfach!
Wenn die Entscheidung falsch war,
ist doch nicht viel kaputt!"
Ich wälze aber auch große Dinge oft genug
ewig hin und her.
Manchmal bin ich aber auch ganz spontan,
egal, ob bei großen oder kleinen Entscheidungen.
Häufig überrasche ich mich dabei selbst,
indem ich springe,
bevor mir überhaupt richtig klar wird,
was ich da gerade getan habe.

Ich habe lebensverändernde Entscheidungen
ewig abgewogen
und auch schon ganz spontan getroffen.
Beides hat seinen Reiz.
Eigentlich ist es mir unglaublich wichtig,
vorher alle Risiken zu kennen,
andererseits hätte ich manches
vielleicht auch nicht getan
und das dann rückblickend bereut,
wenn ich alle Fakten gekannt
und miteinbezogen hätte.

Heute sitze ich hier,
allein,
mit gefühlt 300 Kartons.

Mein Leben,
sorgfältig verpackt in Pappe und Papier.
Alle Möbel sind schon fort,
sie haben ihren neuen Lebensabschnitt schon begonnen
und ich werde es auch bald.
Ich höre schon die Schritte auf der Treppe,
gleich ist meine Zeit in diesen vier Wänden
wirklich vorbei.

Einerseits freue ich mich schon sehr auf die Zukunft,
auf alles, was auf mich wartet,
wenn die Tür ein letztes Mal
hinter mir ins Schloss fallen wird.
Aber ein Teil von mir ist auch traurig darüber,
diesen Schlussstrich zu ziehen.
Nicht nur unter diese Wohnung mit all ihren Macken,
die mich so oft zur Weißglut getrieben haben,
sondern auch unter uns.

Ich weiß, es gibt schon lange kein Uns mehr.
Du bist schon lange ausgezogen
und hast mich
und unsere Wohnung
hinter dir gelassen.
Aber mir fällt es irgendwie schwer,
die Erinnerungen loszulassen.
In diesen vier Wänden
haben wir so viel zusammen erlebt,

so viele Erinnerungen geschaffen,
so viele Meilensteine zurückgelegt,
ohne einen Schritt vor die Tür zu setzen.
Es gab schlechte Zeiten, ich weiß,
aber auch so viele gute, dass es mir einfach schwerfällt,
Lebwohl zu sagen.

Manchmal kommt es mir vor,
als blieben diese Erinnerungen lebendig,
solange ich hier lebe.
Als würden sie mir entgleiten,
sobald ich es nicht mehr tue.
Ich weiß, dass das albern ist,
aber ich werde diese Gedanken einfach nicht los.

Und so sitze ich hier,
allein,
umgeben von Kartons.
Mein Leben,
meine Vergangenheit,
sorgfältig verpackt.

Als die Tür aufgestoßen wird,
bin ich bereit.
Ich weiß nicht, warum ich es plötzlich bin,
wo ich es eben doch noch nicht wahr,
aber ich bin es.

Bereit, diese vier Wände
– und dich –
hinter mir zu lassen.
Bereit für neue Abenteuer,
bereit für einen neuen Lebensabschnitt.
Bereit für mein neues Ich.
Die Zeit des Grübelns ist jetzt vorbei.
Ich bin bereit zu springen.
Also tue ich es –
jetzt.

Lewis Capaldi - Bruises

GEWOHN*heiten*

Es ist nicht leicht, sich zu verändern.
„Alte Gewohnheiten sind schwer abzulegen",
heißt es nicht umsonst.
Wir Menschen sind Gewohnheitstiere.
Hat man sich einmal ein Verhalten angewöhnt,
ist es schwer, es wieder abzuändern.
Ich weiß, wovon ich spreche.

Lange Zeit bin ich mit eingezogenem Kopf
durch die Welt gegangen.
Ich wollte am liebsten unsichtbar sein,
bloß nicht auffallen,
bloß nicht die Aufmerksamkeit anderer auf mich ziehen.
Warum?
Weil ich Angst hatte.

Ich hatte Angst vor diesen Blicken
voller Abneigung und unausgesprochener Vorwürfe.
Ich habe mich nicht einmal mehr
in eine Fastfood-Filiale getraut.
Zu oft musste ich mir blöde Kommentare anhören.
„Sie ist so dick, hasst sie sich nicht selbst dafür?"
„Findet sie es nicht eklig, so dick so sein?"

„Typisch, fett und frisst Fastfood."
So viel Hass und Verachtung,
nur weil ich nicht in ihr Schönheitsideal passe.
Was bringt ihnen das?

Seid ihr es nicht auch manchmal leid,
immer und immer wieder andere zu beurteilen?
Sie zu verurteilen,
nur weil euch ihr Aussehen nicht gefällt?
Warum behaltet ihr diese blöden Sprüche
nicht für euch?
Warum müsst ihr dafür sorgen,
dass sich jemand schlecht fühlt,
weil er euch nicht gefällt?

Ich habe mich so lange drei Meter breit gefühlt.
Jeder verletzende und abwertende Spruch
hat sich tief in meine Seele gebrannt.
Ich hatte Angst, im Sommer ärmellose Tops zu tragen,
weil man da sieht, dass meine Arme schwabbeln.
Ich hatte Angst, mir dafür schon wieder
blöde Kommentare einzufangen.

Weißt du, wie lang es her ist,
dass ich ein Kleid getragen habe?
Über fünfzehn Jahre.
Ich bin zwar nicht so der Typ für Kleider,
aber ich hätte gern die Wahl, verstehst du?

Ich will meine Klamottenwahl
nicht von Angst bestimmen lassen.
Ein Spruch darüber,
ich würde wie eine Tonne auf Beinen aussehen,
hat gereicht
und ich habe über fünfzehn Jahre
kein Kleid mehr angezogen.

Trug ich enganliegende Kleidung,
waren es Kommentare über herausquellende Fettrollen.
Trug ich weite Kleidung, hieß es, ich trüge ein Zelt,
weil mir keine normale Kleidung mehr passen würde.
Was ich auch tat, es war immer falsch.

Aß ich in der Öffentlichkeit, wurde ich angestarrt,
verurteilt,
dafür, dass ich aß
wie jeder andere auch.
Es war egal, ob es belegte Brote,
ein Brötchen
oder Pommes waren,
angestarrt wurde ich immer
und meistens dauerte es auch nicht lange
bis zum ersten Kommentar.
Von blöd bis offensiv war alles dabei.
Von „Schau mal, wie die frisst!"
bis „Na Fetti, pass auf,
sonst frisst du den Tisch gleich mit."

Was gibt es den Menschen,
andere so anzugreifen?
Und ist es da ein Wunder,
dass manche Menschen immer seltener
vor die Tür gehen wollen?
Ich bin dick,
also gehen viele automatisch davon aus,
ich sei faul
und dumm
und langsam.
Und ganz bestimmt
habe ich auch etliche chronische Krankheiten.
Sorry, hab ich nicht.

Ich habe oft stundenlang in der Bibliothek gesessen,
Quellen gesichtet,
Seiten gescannt.
Wenn es einen Stau gab,
wer wurde angesprochen?
Richtig, ich.
Warum?
Warum fühlten sich andere bemüßigt,
mir gegenüber zu behaupten,
ich würde zu viele Seiten scannen?
Zu wenig selektiv auswählen?
Sie wussten doch gar nicht, worum es ging!
Aber sie wollten selbst oft ganze Bücher scannen.
Was soll das?

Mittlerweile gibt es einen Begriff dafür,
wenn sich Männer dazu berufen fühlen,
Frauen die Welt zu erklären
oder auch andere Dinge,
ungefragt natürlich.
‚Mansplaining‘ nennt man das jetzt.
Aber was ist mit den dünnen Menschen,
die sich Übergewichtigen gegenüber überlegen fühlen,
nur weil sie kein Problem mit ihrem Gewicht haben,
oder es zumindest nicht direkt äußerlich sichtbar ist?

Wie nennt man es,
wenn sie einen im Supermarkt ansprechen,
man solle dieses oder jenes nicht kaufen,
da stecke so viel versteckter Zucker drin!
Danke, weiß ich.
Trotzdem ist es meine Entscheidung,
ob ich es kaufen will oder nicht.
Und woher wollt ihr überhaupt wissen,
ob ich für mich einkaufe oder für meine Eltern?
Wie nennt man es,
wenn man in der Kassenschlange steht
und plötzlich wird einem auf die Schulter getippt,
man solle doch denjenigen vorlassen,
schließlich habe er noch etwas vor.
Ach, und ich nicht?

Wie oft schreiben mich vollkommen Fremde
auf Facebook an
und wollen mir ihre Diättipps
gegen „kleines Geld" verraten,
mich als Probandin für
keine Ahnung was für Mittel gewinnen,
und alles natürlich, um Gewicht zu verlieren,
muss ich ja wollen, ich bin ja dick.

So viele Jahre hat mich all das eingeschüchtert.
Ich habe es selbst lange nicht bemerkt.
Ich bin nach und nach verkümmert,
habe mich immer mehr in mich selbst zurückgezogen.
Ich wollte nicht mehr aus dem Haus.
Ich wollte nicht mehr neben jemandem im Bus sitzen,
weil sich viel zu oft Leute beschwert haben,
ich würde ihnen zu viel Platz wegnehmen,
obwohl ich nicht über meinen Sitz hinausragte.
Ich habe mich nicht mehr
in Fastfood-Restaurants getraut,
selbst wenn ich nur für andere etwas mitnehmen sollte.
Ich bin Gruppen von Jugendlichen
aus dem Weg gegangen,
denn ihre Sprüche waren immer am schlimmsten.
Ich bin nicht mehr mit meiner Mutter
shoppen gegangen,
weil die Verkäuferinnen sich bemüßigt fühlten,
mir mitzuteilen,

dass sie keine Klamotten in Zeltgröße verkaufen.
Danke, ich wollte nichts kaufen, meine Mutter schon.
Ich habe mich nicht mehr auf Parkbänke
in die Sonne gesetzt,
um Kommentare zu vermeiden,
wie „Der Fetten geht schon die Puste aus – krass!
Wie lang hockt die da schon?"
Ich wollte nur in der Sonne sitzen,
aber nicht einmal das durfte ich.

Lange Zeit bin ich mit eingezogenem Kopf
durch die Welt gegangen.
Ich wollte am liebsten unsichtbar sein,
bloß nicht auffallen,
bloß nicht die Aufmerksamkeit anderer auf mich ziehen.
Weil ich Angst hatte.
Angst vor den Menschen um mich herum.
Angst vor ihren Kommentaren,
ihren Blicken,
ihrem Verhalten.
Zu oft bin ich verletzt worden,
gedemütigt,
vorgeführt,
bloßgestellt.

Ich habe Jahre gebraucht, um zu erkennen,
dass ich mir von ihnen mein Leben habe stehlen lassen.
Und noch einige Jahre mehr,

um endlich wieder in der Lage zu sein,
es zu leben,
ohne Angst.

Natürlich haben die Blicke
und Sprüche nicht einfach aufgehört.
Sie sind noch immer da.
Ich habe lediglich beschlossen,
dass ich mir davon nichts mehr wegnehmen lassen will.
Ich will mir Fastfood kaufen?
Dann tue ich es.
Ich will auf einer Parkbank in der Sonne sitzen?
Dann tue ich es.
Ich will meine Mutter beim Klamottenkauf beraten?
Dann tue ich es.
Und wenn andere meinen,
mich währenddessen beleidigen zu müssen,
dann höre ich ihnen nicht mehr zu.
Ich habe so lange gebraucht, um das zu schaffen.
Um mich zu verändern,
weniger verletzlich zu sein,
weniger angreifbar.

Natürlich höre ich sie das ein oder andere Mal,
aber ich nehme es mir nicht mehr zu Herzen.
Ich habe schon zu viel Zeit
mit ihrem Mist verschwendet.
Das Leben ist zu kurz für sowas.

Ich tue, was ich will, und wenn es euch nicht passt,
dann erstickt doch an eurem Gift!

Es ist nicht leicht, sich zu verändern.
„Alte Gewohnheiten sind schwer abzulegen",
heißt es nicht umsonst.
Wir Menschen sind Gewohnheitstiere.
Hat man sich einmal ein Verhalten angewöhnt,
ist es schwer, es wieder abzuändern.
Ich habe es trotzdem geschafft.
Und ihr könnt das auch.
Wollt ihr wirklich euer Leben so verbringen?
Oder wollt ihr endlich etwas ändern?
Wenn ihr es ändern wollt, dann fangt damit an –
es bringt nichts zu warten.
Macht heute den ersten Schritt.
Der Weg mag lang sein, aber er wird nicht kürzer,
nur weil ihr euch weigert, den ersten Schritt zu machen.
Also – was tut ihr?
Legt ihr eure Gewohnheiten ab,
oder behaltet ihr sie bei?

Matt Berninger - One More Second

EIN BESSERER *Mensch*

Wenn du dein Leben
noch mal ganz von vorn anfangen könntest,
würdest du alles ganz genauso machen?
Würdest du das genau gleiche Leben
noch einmal führen?
Oder würdest du etwas ändern?

Würdest du Entscheidungen anders treffen?
Andere Wege einschlagen?
Ein anderer Mensch sein,
wenn du die Chance dazu bekämst?
Und glaubst du,
dass dieser andere Mensch immer noch du wäre,
auch wenn sein Leben anders verlaufen wäre?

Hast du auch manchmal das Gefühl,
an einem bestimmten Punkt in deinem Leben
falsch abgebogen zu sein?
Dass du ein anderer Mensch hättest sein können,
vielleicht ein besserer,
wenn du einen anderen Weg gewählt hättest?
Ich frage mich das oft.

Ich mag, wer ich bin.
Klar, habe ich meine Fehler,
aber im Großen und Ganzen mag ich mich.
Ich wünschte nur manchmal,
ich könnte ein besserer Mensch sein.
Selbstloser,
offener,
gütiger,
einfach besser.

Ich wäre so gern besser.
Ich hasse es zu merken,
dass ich eben manchmal doch egoistisch bin.
Ich möchte es nicht sein.
Ich möchte,
dass alle in meiner Umgebung glücklich sind,
dass die Leben aller Menschen,
deren Leben mit meinem in Berührung kommen,
dadurch besser werden
und auf keinen Fall schlechter.
Ich weiß, das ist Hybris, vielleicht sogar Narzissmus,
den eigenen Einfluss so hoch einzuschätzen.
Und ich weiß ja auch gar nicht,
wie groß mein Einfluss auf andere wirklich ist,
aber ich wünsche mir einfach,
einen positiven Effekt zu haben.
Und wenn mir der nicht vergönnt ist,
wenigstens keinen negativen.

Ich weiß, es ist naiv, sich zu wünschen,
dass alle Menschen glücklich und zufrieden sind,
und ich weiß auch,
dass es dazu niemals kommen wird,
denn es liegt in unserer Natur zu „wollen",
aber trotzdem wünsche ich es mir.
Ich möchte, dass die Welt ein besserer Ort ist,
ein glücklicherer.
Und ich hoffe einfach,
dass ich es irgendwie schaffe, dazu beizutragen.

Matt Berninger - One More Second

SICHERER *Hafen*

Hast du einen sicheren Hafen?
Einen Ort, an den du immer zurückkehren kannst,
wenn dich das Leben verzweifeln lässt?
Wenn dich die Wellen hin und her schleudern
und das Ufer so weit weg erscheint?

Hast du einen Ort,
der dir immer Ruhe schenkt,
wenn das Leben dich zu überwältigen droht?
Der es dir erlaubt, einfach mal durchzuatmen?
Oder bist du noch immer auf der Suche
nach diesem Ort?

Ist es ein Haus,
eine Wohnung,
ein Zimmer?
Ein Wald,
eine Lichtung
oder ein Strand?
Oder hast du ihn noch nicht gefunden?

Ich wünsche mir so sehr so einen Ort.
Ein Haus, das mir gehört,

mir allein,
das mir niemand wegnehmen kann,
kein anderer Mensch,
keine Bank,
einfach niemand.
Ein Ort, an dem ich einfach die Tür zuschlagen kann,
und ich habe meine Ruhe.
Abstand
und niemand kommt an mich heran.

Ich will so einen sicheren Hafen,
der nur mir gehört.
Nur mir.
Und manchmal habe ich Angst,
dass ich den niemals finden werde.

Hast du ihn gefunden?
Was ist dein sicherer Hafen?
Verrätst du es mir?

Stefanie Heinzmann - Little Universe

DAS *Loch*

Ich weiß, manchmal fühlt es sich an,
als würde es nie besser werden.
Als ob es sich nicht lohnt, weiterzukämpfen
oder zu hoffen,
denn am Ende wird man ja sowieso enttäuscht.

Glaub mir, ich weiß, wie das ist.
Ich war auch schon mal in diesem tiefen Loch.
Ich fühlte mich machtlos und allein.
Verlassen,
gestrandet in diesem Loch
mit den hohen, glatten Wänden,
keine Chance zu entkommen.

Und jeden Tag
wartete eine neue Enttäuschung auf mich,
eine neue zerschlagene Hoffnung,
ein neuer Schlag gegen meine zerbrechliche Seele.
Wie viele würden es noch sein?
Wie viele, bis sie endgültig zerbricht?

Ich saß da unten in diesem Loch
und habe mich immer mehr

in mich selbst zurückgezogen.
Ich hatte die Hoffnung ehrlich gesagt schon aufgegeben,
jemals wieder da rauszukommen,
das Tageslicht zu sehen
und mich einmal nicht mehr so zu fühlen,
so verloren.

Ich weiß, dass du mich verstehst.
Aber es fühlte sich immer so an,
als würde mich nie irgendjemand verstehen.
Als wäre ich die Einzige,
die so fühlt,
die Einzige,
die leidet,
die Einzige,
deren Seele nur noch einen Schlag entfernt war davon,
endgültig in tausend Splitter zu zerspringen.

Ich war fest davon überzeugt, ganz allein zu sein.
So darauf fixiert,
die Finger auf die Risse in meinem Herzen zu legen
und die Blutung zu stoppen,
dass ich zuerst gar nicht bemerkt habe,
als es langsam besser wurde.
Ich habe einfach plötzlich diese Kerbe
in der Wand entdeckt,
beinahe unsichtbar,
leicht zu übersehen,

aber da war sie:
der erste Schritt nach oben,
raus aus diesem Loch.

Nach und nach fand ich mehr davon
und irgendwann,
konnte ich die Sonne wieder auf meinem Gesicht fühlen.
Ich rechnete damit, wieder hinabgestoßen zu werden,
aber nichts passierte.
Ich hatte mich Stück für Stück nach oben gearbeitet,
ließ das Loch
mitsamt seiner Hoffnungslosigkeit hinter mir
und es wurde leichter.

Es wurde leichter,
nicht mehr alles durch diesen Schleier wahrzunehmen,
nicht mehr ständig mit Tiefschlägen zu rechnen,
nicht mehr automatisch
von Enttäuschungen auszugehen.
Es wurde leichter,
aber manchmal habe ich noch heute zu kämpfen.
Es ist, als würde dieses Loch auf mich warten,
darauf, mich wieder hinabzuziehen.

Aber ich will das nicht.
Ich will nie wieder da unten sein
und mich einsam,
verlassen

und allein fühlen.
Und so klammere ich mich an die guten Dinge,
denn es gibt immer welche,
auch wenn wir oft dazu neigen, sie zu übersehen.
Es gibt sie,
wir müssen uns nur anstrengen,
sie auch als solche zu erkennen.
Es lohnt sich, nicht aufzugeben,
dranzubleiben,
weiterzukämpfen,
das Loch nicht gewinnen zu lassen.
Vertrau mir, ich weiß es.

Johannes Oerding - Diggin 'in the dirt

ÜBERALL, *nur nicht hier*

Immer wieder höre ich von Leuten,
die ihr Leben immer
an demselben Ort verbracht haben,
dass sie weg wollen,
reisen,
die Welt sehen,
einfach woanders leben wollen.
Überall, nur nicht hier.

Ich bin vielleicht nicht überall gewesen,
aber an vielen Orten.
Ich habe meist nicht besonders lang dort gelebt.
Es hatte auch was, diese vielen Städte zu sehen,
aber wenn ich ehrlich bin,
hat mir immer etwas gefehlt.
Ich habe mich immer nach einem Zuhause gesehnt.
Einem festen Ort, an den ich immer zurückkehren kann.

Ich wollte ewig in ein und demselben Haus wohnen,
in ein und demselben Ort,
jeden kennen,
und einfach das Gefühl haben, Wurzeln zu schlagen.
Ich habe mich so nach diesen Wurzeln gesehnt.

Ich kann verstehen,
dass wir Menschen immer das wollen,
was wir nicht haben.
Das ist normal und gehört einfach zu uns.
Aber ich glaube, das ist es nicht in diesem Fall.
Ich glaube, es gibt zwei Typen von Menschen:
die, die ruhelos sind,
Abenteuer erleben wollen,
die die Welt sehen und bereisen möchten,
die jeden Urlaub woanders
oder zumindest außer Landes verbringen.
Und die, die einfach nur Wurzeln schlagen wollen.
Die sich nach einem sicheren Hafen sehnen,
einem Zuhause.
Einem Ort, der dem Sturm trotzt,
egal, wie heftig er gerade tobt.

Ich gehöre eindeutig zur zweiten Gruppe.
Was ist mit dir?
Zu welcher Gruppe gehörst du?
Bist du rastlos
oder sehnst du dich nach Wurzeln?
Bist du einer,
der sich wünscht, überall zu sein, nur nicht hier?
Oder willst du manchmal so sehr ein „Hier",
dass es dich fast zerreißt?

K.D. Lang - Anywhere but here

STILLSTAND

Es heißt immer „höher, schneller, weiter".
Alle sind ständig in Eile.
„Wer rastet, der rostet."
Überstunden ohne Ende,
Termine, Termine, Termine.
Ich kann schlafen, wenn ich tot bin.
Jeder will immer besser sein, als alle anderen,
mehr arbeiten,
wichtiger sein,
bedeutender.

Manchmal, wenn ich mir die Menschen
um mich herum so ansehe,
frage ich mich,
ob wir aus den letzten Monaten
denn gar nichts gelernt haben.
Sag ehrlich, war es nicht schön,
als das Leben plötzlich beinahe zum Stillstand kam?
Alle Konflikte,
alle Probleme unwichtig wurden,
weil die ganze Welt auf einmal
das gleiche große Problem hatte.

Von heute auf morgen war nicht mehr wichtig,
wer das dickste Auto hat,
das größte Haus,
den bestbezahlten Job.
Gesundheit kann man sich nicht kaufen.
Dem Virus war egal, ob du Hausfrau,
Reinigungskraft,
Managerin,
oder Politikerin,
ob du ein Normalo oder Präsident bist.

Unser normales Leben kam zum Stillstand.
Geschäfte zu.
Autobahnen leer.
Alle sitzen zu Hause und versuchen, gesund zu bleiben,
ihre Familien nicht in Gefahr zu bringen,
vernünftig zu sein.
Es war nervig,
beängstigend
und irgendwie fühlte es sich nicht real an.
Aber das war es.
Und wenn wir ganz ehrlich sind,
es gab auch gute Seiten.
Hast du die Bilder vergessen
von der Natur, die sich die Welt
ein kleines bisschen zurückerobert hat?
Ich habe sie nicht vergessen.

Viele von uns haben ihr Zuhause neu schätzen gelernt
und für manche wurde es zur Hölle.
Ich weiß, dass es auch diese Schattenseiten gab,
aber ich habe in dieser Zeit vor allem eins gelernt:
Dankbarkeit.
Und was ist mit dir?
Was nimmst du aus diesen Monaten mit?

Eine Weile wirkte es,
als seien die Menschen ruhiger,
gelassener geworden.
Aber all das schlägt nun um.
Aggression,
Wut,
Verzweiflung,
Hass.
Ich weiß, dass viele um ihre Existenzen bangen,
und ich wünschte, es wäre nicht so.
Aber es sind eben nicht diese Menschen,
die jetzt durchdrehen.
Wo kommt das also her?

Warum entlädt sich jetzt so viel Frust?
Weil wir nicht jedes Wochenende
in Clubs gehen können?
Weil wir nicht zwei oder drei
oder vier Mal im Jahr in den Urlaub fliegen können?

Weil wir uns an Regeln halten müssen,
für uns,
für unsere Familien,
für alle.
Wo ist unsere Dankbarkeit geblieben?
Wir sollten dankbar dafür sein,
am Leben und gesund zu sein.
Es könnte sehr viel schlimmer sein.

Es wird doch besser.
Langsam, ja,
unorganisiert immer wieder, ja,
aber es geht voran.
Warum weigern wir uns, dankbar dafür zu sein,
wo es doch in so vielen ärmeren Ländern noch viel,
viel schlimmer ist?
Wir haben ein funktionierendes Gesundheitssystem,
wir haben Impfstoff,
wir haben die Möglichkeiten
und trotzdem sind wir unzufrieden.

Klar wünschen wir uns alle
unser früheres Leben zurück,
ich ebenso wie alle anderen.
Aber ich weiß auch, diese Zeit irgendwo zu schätzen.
Ich bin achtsamer,
dankbarer
und ich sehe auch die schönen Aspekte.

Die Kriege der Welt kamen zum Stillstand,
wie das Leben selbst.
Und das kann doch nur etwas Gutes sein, oder?

Johannes Oerding – Time Out

WORTE *und Blut*

In meiner Geschichte bist du das Monster.
Du bist der Bösewicht.
Du bist es, der mein Leben
und mich
zerstört hat.

Du hast mich mit deinen Worten verletzt,
hast sie eingesetzt wie Messer
und meine Seele in Stücke geschnitten.

Und wenn ich da am Boden lag
in meinem eigenen Blut,
hast du gelacht,
zufrieden mit deinem Werk.

Was du getan hast, begleitet mich bis heute.
Und ich hasse mich dafür.
Ich kann nicht vertrauen, weißt du?
Ich schaffe es nicht,
anderen auch nur ein kleines bisschen
Vertrauen entgegenzubringen.
Ich rechne immer damit, verletzt zu werden.
Deinetwegen.

Du hast mich misstrauisch gemacht.
Aber weißt du, was noch viel schlimmer ist?
Du hast mich einsam gemacht.

Ich kann nicht vertrauen,
ich kann niemanden an mich heranlassen.
Ich kann niemandem zeigen, wer ich wirklich bin,
hinter dieser Fassade des Optimismus,
die mich am Leben gehalten hat.
Sie hat andere,
sogar dich,
glauben lassen,
dass mir eure Worte nicht mehr weh tun.
Und irgendwann hat mich das für euch
uninteressant gemacht.
Aber mich hat es einsam gemacht.

Weißt du, wie das ist,
wenn niemand dein wahres Gesicht,
dein wahres Ich
kennenlernen darf?
Wenn du nicht einmal die kleinste Freundlichkeit
glauben kannst?
Wenn du jedem Lächeln misstraust,
weil du einfach nicht sicher wissen kannst,
ob sich dahinter nicht Hass verbirgt.
Denn wie oft hast du mich angelächelt?
Sekunden, bevor du mich zum Bluten gebracht hast.

Du hast so vieles in mir zerstört.
So oft fühlte ich mich
nach einem Zusammentreffen mit dir
wie eine Stadt nach einem Bombenangriff.
So viele Trümmer überall
und ich mittendrin
bei dem Versuch, alles wieder aufzubauen,
ich, allein unter Trümmern,
ohne Werkzeug und mit blutendem Herzen.

Mir war bis heute nicht klar,
dass ich dich noch immer mit mir herumtrage.
Ich kann die Erinnerungen nicht abschütteln,
die Folgen nicht verdrängen.
Ich bin kaputt,
so oft geklebt, dass ich nicht weiß,
ob ich es noch einmal schaffen kann,
dass die Scherben wieder ein Ganzes ergeben.
Aber dadurch trage ich einen Teil von dir in mir
und ich weiß nicht,
wie ich ihn loswerden soll.

Ich habe nie darüber nachgedacht,
was dich zu dem gemacht hat,
der du damals warst.
Ich habe nie darüber nachgedacht,
ob du dich verändert hast
in der Zeit, die seitdem vergangen ist.

Ich habe nie darüber nachgedacht,
ob du bereust, was du getan hast,
was du mir angetan hast.
Ich habe nie darüber nachgedacht,
nie.
Ich weiß nicht, ob es helfen würde,
die Antworten zu kennen.

Würde es mir helfen, die Wunden zu heilen,
die Narben zu vergessen,
wenn ich wüsste, warum du mich ausgesucht hast?
Warum deine Wahl auf mich gefallen ist
und du ausgerechnet mich zerstören wolltest?
Würde es mir helfen, deine Entschuldigung zu hören?
Zu sehen, dass du dich geändert hast?
Ganz ehrlich, ich weiß es nicht.

In meiner Geschichte bist du das Monster.
Du bist der Bösewicht.
Du bist es, der mein Leben
und mich
zerstört hat.
Und ich weiß nicht,
ob du jemals etwas anderes für mich sein kannst.

Zoey Wees – Hold me like you used to
Enisa Carter – Wenn Wellen brechen (Roman)

GEIST

Ich kann dich nicht vergessen.
Es ist faszinierend und erschreckend zugleich,
wie häufig du noch meine Gedanken beherrschst.
Du bist wie ein Geist,
eigentlich unsichtbar,
doch manchmal tauchst du aus dem Nichts auf
und die Einzige, die dich sehen kann,
bin ich.

Ich bin nicht verrückt.
Ich dachte das mal,
aber heute weiß ich es besser.
Ich bin nicht verrückt.
Obwohl mir viele nicht glauben,
dass ich dich gesehen habe,
ich weiß es ganz genau.
Ich bin nicht verrückt.

Du bist ein Geist,
flüchtig wie Rauch.
Man kann dich nicht fangen.
Eben bist du da, schon bist du wieder weg,
als hätte ich dich nicht eben noch gesehen.

Es gibt mittlerweile sogar einen Begriff für das,
was du tust, wusstest du das?
Man nennt es Gaslighting.
Du spielst mit mir,
du manipulierst mich,
du ließest mich glauben, ich sei verrückt!
Dabei bin ich nur dein Spielzeug.
Du spielst mit mir
wie die Katze mit der Maus.

Die anderen sagen, ich sehe Gespenster.
Sie sagen, ich bilde mir das nur ein.
Aber wie sollen sie es auch besser wissen?
Du zeigst dich ja nur mir.
Du bist kein Geist.
Du bist ein kranker Mann
und irgendwann ist das Spiel zu Ende.
Die Frage ist nur, wer am Ende noch steht,
die Katze oder die Maus.

Zoey Wees - Ghost

Wunderschön

Wir alle wollen perfekt sein.
Wir alle möchten bewundert werden.
Aber viel zu oft vergessen wir,
dass Perfektion nicht alles ist.

Ein Foto,
perfektes Licht,
keine Falten,
keine Pickel,
fünf Kilo leichter,
x Filter.
Ist es das wirklich wert?
Bist das überhaupt noch du?

Wie viele Fotos machst du,
bis du zufrieden bist?
Wie viele Stunden bearbeitest du sie?
Ist dir klar, wie viel Zeit du damit verbringst,
eine Perfektion vorzutäuschen,
die es gar nicht gibt?

Ich verstehe dich.
Wir alle wollen gemocht,
geliebt,
bewundert werden.
Aber ist das überhaupt etwas wert,
wenn diese Person, die da bewundert wird,
überhaupt nichts mehr mit uns zu tun hat?

Willst du wirklich dafür bewundert werden,
nicht du selbst zu sein?
Ich weiß, es ist hart zu seinen Makeln
und Fehlern zu stehen.
Ich will auch nicht,
dass wer weiß wie viele Menschen meine Pickel sehen.
Aber Fakt ist nun mal,
dass jeder ab und an mal einen Pickel hat.
Das gehört zum Leben dazu.

Aber es geht eigentlich auch gar nicht um Pickel.
Es geht um mehr.
Was denkst du, wenn du ein Foto von dir siehst,
im „Urzustand",
ohne Filter,
ohne Effekte,
ohne Photoshop und wie sie alle heißen.
Was denkst du?
Fühlst du dich gut? – dann ist alles okay.

Aber wenn du dich hässlich findest,
ohne all diesen Kram, dann ist das ein Problem.

Ich weiß, diese ganze Social-Media-Welt propagiert,
dass nur perfekt etwas wert ist.
Wenn du ein unbearbeitetes Foto von dir hochlädst,
was denkst du passiert?
Denkst du, die Leute finden das gut,
oder hast du Angst vor bösen Kommentaren?
Vor Hass, Spott und Häme?
Wenn Letzteres der Fall ist,
solltest du dir überlegen, ob dir das wirklich guttut.
Denn glaub mir, du bist wunderschön,
so wie du bist.

Du brauchst keine 50 Fotos,
bis du auf einem gut aussiehst.
Du bist auf allen hübsch.
Du brauchst kein perfektes Licht.
Du siehst in jedem Licht toll aus.
Du musst nicht all deine Falten
und Pickel retuschieren.
Ich finde dich schön mit Falten und mit Pickeln,
mit unsauberem Ansatz und grauen Haaren.
Du musst deine Figur
nicht mit irgendwelchen Programmen
fünf Kilo leichter machen.

Meine Gefühle ändert das nicht.
Du brauchst keine x Filter.
Du bist perfekt, so wie du bist.
Perfekt für mich.

Ich wünschte, du könntest dich mit meinen Augen sehen
und erkennen, was ich schon lange weiß:
Du bist es wert, geliebt zu werden,
ob mit Make-up oder ohne,
ob mit Falten oder Pickeln oder grauen Haaren,
dick oder dünn.
All das ist egal.
Es kommt auf das Du im Inneren an.
Das ist alles, was zählt.
Und dein Du ist wunderschön.

Stefanie Heinzmann – Ungeschminkt

WIE *du bist*

Du schaffst es nicht,
die Zahncreme nach der Benutzung
wieder zuzuschrauben.
Deine Klamotten liegen in 9 von 10 Fällen
neben dem Wäschekorb.
Du hinterlässt beim Duschen
immer einen Duschgelfleck,
den du jedes Mal übersiehst und eintrocknen lässt.
Du kaufst immer den falschen Kaffee
– für dich wohlgemerkt, nicht für mich,
ich trinke das Zeug ja nicht.
Aber auch wenn ich darüber schimpfe,
sind es doch gerade diese Dinge,
die mir jeden Tag aufs Neue beweisen,
dass du da bist.

Du kaufst jedes Mal Blumen für mich,
wenn du in den Supermarkt gehst.
Du bestellst immer Italienisch,
auch wenn du lieber Indisch willst.
Du lässt mich das Fernsehprogramm bestimmten,
selbst wenn es eine Schnulze ist.

Du fragst mich jedes Mal, ob ich etwas brauche,
wenn du in die Küche gehst.
Diese kleinen Dinge sind für mich ganz groß,
denn sie beweisen mir, dass du an mich denkst,
dass dir etwas an mir liegt,
dass du mich glücklich sehen willst.
Du tust all diese Dinge, damit ich mich geliebt fühle.
Und die meisten sogar,
ohne groß darüber nachzudenken.

Ich habe für dich immer einen Ersatzschlüssel
bei den Nachbarn gebunkert,
weil ich weiß, dass du deinen ständig verlegst.
Ich tausche den von dir gekauften Kaffee
gegen den richtigen um,
obwohl ich den Geruch dieses Zeugs nicht leiden kann.
Die Stunden mit dir am Abend auf der Couch
sind mein Highlight des Tages.

Zusammenleben ist nicht immer leicht.
Oft kracht es,
jeder hat Angewohnheiten, die den anderen nerven.
Aber das Wichtige ist,
dass man einander nicht trotz allem liebt,
sondern versteht,
dass diese Angewohnheiten und Marotten
zu dem Gesamtpaket einfach dazugehören.

Du wärst ohne sie nicht du
und ich nicht ich.
Ich weiß nicht, wie sehr du dich verändern würdest,
würdest du sie ablegen wie einen alten Mantel.
Wärst du noch du oder würde mir etwas fehlen?
Würde ich mich
über die ordentlich verstaute Wäsche ärgern?
Oder über die verschlossene Zahncreme?
Würde es bedeuten, dass auch die Blumen
und die Fragen verschwinden?
Denn das würde ich niemals wollen.

Ich weiß, ich meckere oft
und ich weiß, auch ich kann nerven.
Aber ich liebe dich, so wie du bist.
Ich liebe dich mit all deinen Angewohnheiten.
Ich liebe dich, wenn ich über die Wäsche schimpfe.
Ich liebe dich, wenn ich deinen Kaffee umtausche.
Ich liebe dich, wenn du mir einfach so
ein Glas Wasser mitbringst,
weil du sichergehen willst,
dass ich alles habe, was ich brauchen könnte.
Ich liebe dich, ganz egal, wie sehr du mich auch nervst.
Ich liebe dich wie du bist,
denn du bist mein
und ich bin dein.

Max Giesinger - So wie du bist

MEHR

Wir wollen mehr,
immer mehr und mehr und mehr.
Nie ist es genug.
Nie haben wir genug Geld,
genug Dinge,
nie ist unser Job gut genug,
unser Handy neu genug,
oder unser Auto cool genug,
unsere Wohnung groß genug.
Wir wollen immer mehr.

Wir rennen in diesem Hamsterrad
und rennen und rennen
immer weiter und weiter.
Es dreht sich unaufhörlich
und wir schaffen einfach nicht den Absprung.
Denkst du, das hört jemals auf?
Denkst du, es wird irgendwann endlich genug sein?

Ich habe keine Kraft mehr,
ständig zu rennen,
nach mehr zu streben,
mehr zu wollen.

Kaum besitzt man etwas,
kaum hat man etwas erreicht,
schon ist es nicht mehr gut genug.
Es reicht.
Ich kann nicht mehr.

Das Hamsterrad dreht sich weiter,
aber ohne mich.
Ich bin abgesprungen.
Ich will endlich lernen,
mit dem zufrieden zu sein,
was ich habe,
anstatt mich immer nur nach dem zu verzehren,
was ich nicht habe.
Was ist mit dir?
Rennst du noch oder stehst du schon?

Wakey Wakey feat. Amanda Lo - Lean on

Maske

Was hast du mit mir gemacht?
Ich bin es so gewohnt,
ohne meine Maske in deiner Gegenwart herumzulaufen,
dass ich immer öfter vergesse,
sie wieder aufzusetzen.
Ich habe es verlernt,
sie automatisch in Position zu bringen
und das ist deine Schuld.

Du hast mich verletzlich gemacht.
Du hast mich angreifbar gemacht.
Du hast mich weicher gemacht.
Und dafür hasse ich dich manchmal.

Ich hasse dich.
Aber wir wissen beide, dass ich dich liebe.
Wie kann man jemanden
gleichzeitig lieben und hassen,
fragst du?
Das ist ganz leicht.
Ich hasse dich dafür,
dass du mich verletzlich gemacht hast,
dass du mich unvorsichtig gemacht hast,

dass du mich hoffen lässt,
dass du immer so verständnisvoll bist,
wenn ich dir solche Sachen ins Gesicht sage.
Dass du mich verstehst,
wenn ich selbst mich nicht mal verstehe.

Ich will dich hassen,
ich will dich auf Abstand halten.
Ich will, dass all das,
was du an mir verändert hast,
all diese Weichheit
wieder verschwindet!
Ich will nicht weich sein.
Ich war mal weich,
damals.
Und was hat es mir gebracht?
Nichts als Schmerz.

Ist es da so verwunderlich,
dass ich dich hassen will?
Dass ich mich gegen dich wehren will
und gegen diese Gefühle,
die du mich zu fühlen zwingst
und die ich gar nicht haben will.
Denn ich liebe dich
und das macht mir Angst.

Ich will dich nicht sehen lassen,
wer ich wirklich bin.
Ich will nicht, dass meine Maske verrutscht.
Ich will nicht, dass es leicht ist,
ich selbst zu sein.
Ich will nicht wieder verletzt werden.
Ich ertrage es kein weiteres Mal.
Und ich hasse dich dafür,
dass du dir so sicher zu sein scheinst,
dass das nicht passieren wird.

Woher willst du das wissen?
Das kannst du gar nicht!
Aber ich hasse dich dafür,
dass ein Teil von mir dir glauben will,
dass ein Teil von mir hoffen will,
und dass ich dich liebe,
obwohl ich es besser wissen sollte.
Ich hasse dich,
aber der Teil,
der dich liebt,
ist lauter
als der andere.

Matt Berninger - One more second

GENUG

Ich habe ständig diese Stimmen in meinem Kopf,
die nicht müde werden mir zu sagen,
ich sei nicht genug.
Nicht gut genug,
nicht clever genug,
nicht hübsch genug,
nicht schlank genug,
nicht gebildet genug,
einfach nicht genug.
Und die lauteste von ihnen
klingt wie du.

Du, wie du mir sagst:
Abnehmen kann doch nicht so schwer sein!
Du, wie du mich fragst,
ob ich zu faul bin, um Sport zu machen.
Du, wie du mir sagst,
wie die Frau da drüben müsste ich aussehen,
um heiß zu sein.
Du, wie du dich über meinen Job lustig machst,
er sei nicht anspruchsvoll.
Du, wie du all diese verletzenden Dinge zu mir sagst,
immer und immer wieder,
bis ich anfange, dir zu glauben.

Ich habe dir geglaubt,
dass nicht gut genug für dich bin,
dass ich eine Zumutung für dich bin,
dass ich dir dankbar sein soll
für die Kritik,
die du täglich an mir übst.
Dass ich niemals klug genug sein würde,
um eine richtige Diskussion mit dir zu führen,
ohne dass du mir irgendwann sagen musst,
meine Argumente seien keine richtigen Argumente.
Dass ich dankbar sein muss,
dass du mich nicht schon längst
für eine Frau verlassen hast,
die nicht ständig darin versagt,
deinen Ansprüchen zu entsprechen,
eine Frau, die schlank ist
und deren Fettrollen dich nicht abstoßen.
Ich habe dir geglaubt.

Ich habe nicht erkannt, was du tust.
Ich habe nicht erkannt,
dass das, was du tust,
Missbrauch ist.
Kein körperlicher Missbrauch, aber emotionaler.
Du hast mein Selbstvertrauen zerstört.
Du hast erkannt, wo du mich treffen kannst
und genau da angesetzt,
um mich endgültig zu zerstören.

Du hast immer neue Dinge gefunden,
die du kritisieren konntest,
um dich selbst zu erhöhen.
Ich konnte deinen Ansprüchen nie gerecht werden.
Aber ich habe nie darüber nachgedacht,
ob du es selber kannst.

Ich habe nie hinterfragt,
was du mir vorgeworfen hast.
Ich weiß heute selbst nicht mehr, warum.
Ich habe dein Urteil über mich
und meine Fehler
nie hinterfragt.
Ich habe dich mich benutzen lassen,
dich mich verletzen lassen
und das war falsch.

Ich hätte schon längst erkennen müssen,
was ich heute weiß.
Aber ich bin dankbar dafür,
dass ich es jetzt tue.
Ich habe dich verlassen,
Jahre zu spät,
aber ich habe es getan.
Und ich weiß,
irgendwann werden auch diese Stimmen verschwinden.
Ich bin nicht wertlos,
egal, was du mir auch einreden wolltest,

ich bin nicht wertlos
oder dumm
oder eklig
oder faul
oder eine Versagerin.
Ich habe dich überlebt,
also kann ich alles schaffen.
Ich bin gut genug.
Und was noch viel wichtiger ist:
Ich glaube fest daran.

Zoey Wees - Hold me like you used to

SINGEN, TANZEN, *Schreiben*

Ich weiß, du verstehst nicht,
was mich bewegt.
Warum mir meine Kunst so wichtig ist.
Du verstehst nicht,
dass das für mich nicht einfach bloß Worte sind,
Tinte auf Papier.
Für mich sind sie so viel mehr.

Du verstehst nicht,
warum ich plötzlich nicht mehr ansprechbar bin,
warum ich vollkommen vom Schreiben gefangen bin,
in einer anderen Welt.
Du siehst nur,
dass ich wie eine Verrückte
auf dem Papier herumkritzle.
Und selbst wenn ich mich überwinde
und dich lesen lasse, was ich geschrieben habe,
verstehst du es nicht.

Dieser Teil von mir ist dir vollkommen fremd.
Du kannst damit nichts anfangen.
Ich versteh dich, glaub mir.

Aber was du auch nicht verstehst
– und das ist viel schlimmer –,
ist, dass ich keine Wahl habe.
Das Schreiben ist kein Hobby für mich.
Ich kann es nicht einfach mal eben nicht tun
oder auf später verschieben.
Ich muss es jetzt tun,
jetzt sofort,
egal wann,
egal wo.

Für dich sind es bloß Worte,
gefühlsduseliger Kram,
und das tut weh.
Du musst es nicht verstehen,
aber dass du nicht siehst,
dass das Schreiben ein Teil von mir ist,
meine Kunst,
meine Art zu singen oder zu tanzen,
das verletzt mich.

Du besuchst Konzerte,
du gehst sogar ins Ballett.
Du gehst ins Theater und die Oper,
aber trotzdem erkennst du die Bedeutung
meiner Worte für mich nicht.
Vielleicht willst du es auch nicht sehen.
Ist es das?

Willst du nicht sehen,
nicht akzeptieren,
dass diese Worte ein Teil von mir sind?

Wieso?
Sind sie dir zu düster?
Zu emotional?
Zu – was?
Es ist okay,
wenn du meine Art zu schreiben nicht magst,
es ist auch okay,
wenn du nicht verstehst, warum ich es tun muss.
Aber es ist nicht okay,
wenn du mich nicht ernst nimmst.
Wenn du etwas kleinredest,
dass mir so viel bedeutet,
dass ein Teil von mir ist
und zwar kein kleiner Teil.

Das Schreiben ist so sehr ein Teil von mir,
dass ich mir mein Leben ohne
überhaupt nicht vorstellen kann und will.
Akzeptiere es.
Leb damit.
Oder du kannst nie wirklich ein Teil meiner Welt sein.
Andere singen und tanzen.
Ich schreibe.
Das bin ich.   *Niki Reiser – Jenseits der Stille*

SCHATZSUCHE

Hast du schon mal nach einem Schatz gesucht?
Als Kind oder Jugendlicher?
In Höhlen geforscht,
im Dreck gewühlt
auf der Suche nach etwas Wertvollem?

Manchmal kommt es mir so vor,
als würden wir damit noch immer
unsere Zeit verbringen.
Wir tun Dinge, in der Hoffnung
letztlich dafür belohnt zu werden,
mit Geld,
Erfolg
oder Glück.

Wir sind noch immer Schatzjäger,
nur jagen wir heute andere Schätze
als damals in unserer Kindheit.
Doch nach wie vor sind wir ruhelos.

Was treibt dich an?
Die Sehnsucht nach Geld?
Macht?
Erfolg?

Oder Glück?
Oder willst du alles zusammen?

Nichts davon wird dich wahrhaft glücklich machen,
weißt du?
Du kannst das Glück nicht erzwingen
und du kannst es auch nicht als Belohnung
für etwas verlangen.
Wahrhaft glücklich machen dich oft die Dinge,
mit denen du nicht gerechnet hast.
Meist sind es die eher kleinen Dinge,
zum Beispiel eine Postkarte aus heiterem Himmel,
die beweist, dass jemand an dich gedacht hat.

Aber meistens sind es Dinge,
die wir für selbstverständlich nehmen.
Gesundheit zum Beispiel.
Dir wird erst klar, wie viel Glück du hast,
dass es all deinen Lieben gut geht,
wenn du kurz davor warst,
einen von ihnen zu verlieren.

Wir alle sind auf der Suche nach einem Schatz,
doch vor lauter Jagd vergessen wir,
dass wir den größten Schatz
meistens schon längst besitzen.

Ich bin dankbar für das, was ich habe,
und ich will versuchen,
diese Ruhelosigkeit abzuschütteln
und meine Tage lieber damit verbringen zu genießen,
was ich mein Eigen nennen darf.
Und was ist mit dir?

Johannes Oerding & Stefanie Heinzmann - Diggin' in the dirt

Narben

Du hast mir deine Narben gezeigt,
jede einzelne,
groß und klein.
Eine Landkarte deines Lebens,
für immer auf deinen Körper gezeichnet.

Aber du hast mir nicht nur die Spuren
auf deinem Körper gezeigt,
sondern auch die auf deiner Seele.
Du hast dich mir anvertraut,
dich mir geöffnet
und du hast keine Ahnung,
wie viel mir das bedeutet.

Wir lagen da im Dunkeln
und plötzlich hörte die Welt da draußen
auf, zu existieren.
Es gab nur noch uns.
Uns und unsere Narben.

Ich hab mich noch nie einem Menschen so nah gefühlt
wie dir in dieser Nacht.

Und während ich da in deinen Armen lag,
hab auch ich dir meine Narben offenbart.
Die an meiner Lippe,
als ich als Kind die Treppe runterfiel.
Die auf meinem Bauch von der OP
und die, die wirklich zählen,
die, die keiner sieht.

Jetzt weißt du mehr über mich
als jeder andere.
Jetzt weißt du, wer ich wirklich bin.
Waren sich jemals zwei Menschen so nah?
Ich weiß es nicht,
aber ich weiß, dass das hier ein großes Geschenk ist
und ich bin so unglaublich dankbar dafür.

Lea – Walk in your shoes

LIEBE *und Besitzgier*

Es heißt ja immer, im Nachhinein ist man klüger.
Es ist faszinierend, wie vieles im Rückblick betrachtet,
aus einer anderen Perspektive,
plötzlich ganz anders aussieht.

Eigentlich war alles da,
das weiß ich heute.
Alle Warnzeichen.
Aber ich habe sie übersehen.
Vielleicht wollte ich sie auch gar nicht sehen,
oder ich war einfach zu naiv,
um sie als solche wahrzunehmen.
Heute bin ich klüger.

Du hast immer wieder gesagt,
du teilst nicht gern.
Ich dachte, das käme daher,
dass du viel mit deinen Geschwistern teilen musstest,
Ich habe nicht gesehen,
dass dein Blick dabei immer auf mich gerichtet war.

Du fandest alle um uns herum lästig,
aufdringlich.

Du sahst überall Gefahr.
Ich dachte, du seist nur vorsichtig
oder vielleicht ein bisschen paranoid.
Ich habe nicht gemerkt,
wie du mich dadurch Schritt für Schritt isoliert hast.

Du hast mich immer berührt.
Meine Hand gehalten,
dein Arm um meine Schultern,
deine Hand auf meinem Rücken
und wenn wir saßen,
oft auch auf meinem Oberschenkel.
Ich dachte, du möchtest mir nur Nähe schenken
und mir das Gefühl geben,
geliebt und umsorgt zu werden.
Ich habe nicht erkannt,
dass du dir selbst dadurch beweisen wolltest,
dass ich dir gehöre
und du mich jederzeit berühren darfst.
Dass du glaubtest, ein Recht darauf zu haben.

Deine sogenannte Liebe ist eine Lüge.
Eine Illusion.
Eine Fata Morgana in der Wüste.
Ich habe die Zeichen nicht erkannt.
Vielleicht habe ich sie wirklich absichtlich übersehen,
weil ich es nicht wahrhaben wollte.

Da ist keine Liebe in dir,
nur Besitzgier.
Sag mir, ist dir das klar,
dass das zwei verschiedene Dinge sind?

Du wolltest mich für dich allein,
niemand sollte auch nur einen kleinen Teil
von mir bekommen.
Du wolltest mich nicht teilen,
nicht einmal mit meinen Eltern.
Du sahst in mir nur einen Besitz, sonst nichts.

Es heißt ja immer, im Nachhinein ist man klüger.
Ich bin heute klüger.
Und ich werde nie wieder so blind sein.
Ich werde nie wieder die Zeichen übersehen
und einem Mann wie dir in die Falle gehen.
Ich habe meine Lektion gelernt.
Männer wie du sind nicht fähig zu lieben.
Alles, was sie kennen, ist Besitzgier.
Ich gehöre dir nicht.
Ich habe dir nie gehört.
Und das wird sich niemals ändern.

Ilse Delange – Leiser

GRÄBEN

Wir haben so viele Fehler gemacht.
So oft nicht richtig zugehört,
den anderen ignoriert
und unwissentlich verletzt.

Wir waren so sehr mit uns selbst beschäftigt,
zu sehr, um noch einen Kopf für den anderen zu haben.
Wir haben nicht gemerkt,
wie die Risse größer wurden,
sich zu Schluchten entwickelt haben
und irgendwann zu groß waren,
um sie noch überwinden zu können.

Vielleicht war es von Anfang an
zum Scheitern verurteilt,
das mit uns.
Wir waren so verschieden,
wie zwei Menschen nur verschieden sein können.

Ich liebe Literatur und Musik,
du gehst am liebsten mit deinen Freunden feiern.
Ich habe dich nie davon abgehalten,
oder gebeten, nicht zu gehen.

Ich wusste ja, wie viel dir das bedeutet
und was hättest du zu Hause machen sollen?
Mich beim Lesen anstarren?

Wir haben nicht gesehen,
dass diese Unterschiede
unser Untergang sein würden.
Du wolltest nicht verstehen, dass es mich verletzt,
wenn du mit anderen Frauen flirtest.
„Das gehört dazu, wenn man feiern geht",
hast du gesagt.
Tut es das wirklich?
Hättest du nicht einfach bloß die Zeit
mit deinen Freunden genießen können?
Musstest du wirklich
anderen Frauen deine Nummer geben
und ihre annehmen?

Es ist nicht normal, in einer Beziehung zu sein
und weiterhin Nummern von Frauen zu sammeln.
Du hast sie eingespeichert!
Sie waren wichtig für dein Ego,
aber dir war egal, wie das bei mir ankommt.
Hast du überhaupt eine Ahnung, wie weh das tut?

Würde ich dir wirklich etwas bedeuten,
hättest du das nicht getan.
Du hättest gar kein Interesse an diesen Frauen gehabt.

Und mich in unserer Wohnung
auf dich wartend zu wissen,
hätte deinem Ego genug sein müssen,
zumindest sehe ich das so.
Ich weiß, bei dir ist das anders.

Du schiebst es auf mich.
Vielleicht ist das auch normal,
das Scheitern einer Beziehung
dem Ex-Partner anlasten zu wollen.

Weißt du noch?
Als wir uns kennenlernten,
gefiel es dir, dass ich so in Büchern versinken kann.
Jetzt hat es dich gestört.
Plötzlich fandest du Bücher und Lesen langweilig.
Du wolltest nicht hören, worum es in ihnen ging,
ob sie mir gefielen
oder was ich überhaupt über sie denke.
Hast du dich von ihnen bedroht gefühlt?
War es das?
Oder waren wir schon immer viel zu verschieden
und haben es einfach nicht gesehen
oder sehen wollen?

Ich weiß, wir haben beide Fehler gemacht.
Vielleicht fehlte uns das Geschick für Diplomatie
oder waren wir einander einfach nicht wichtig genug,

um hinzuhören,
zuzuhören
und uns aufeinander zu- statt wegzubewegen?
Irgendwann waren die Gräben zu tief,
um sie noch überwinden zu können
und wir waren glücklicher allein
als miteinander.

Es ist schade, dass es so geendet hat,
aber vielleicht war es unvermeidbar.
Trotzdem, es tut mir leid, wenn ich dich verletzt habe,
das war nie meine Absicht.
Und ein Teil von mir hofft,
dass es dir auch leidtut, dass du mich verletzt hast
und ich dir wenigsten so viel bedeute.

Aber wenn es nicht so ist,
sag es mir nicht.
Ich will nicht mit einer frischen Wunde
unsere Wohnung verlassen,
ich will mit versöhnlichen Gefühlen im Herzen gehen.
Ich möchte mir die guten Erinnerungen bewahren,
also lass mich das bitte tun.
Ich wünsche dir alles erdenklich Gute
und rede mir einfach ein,
dass es dir mit mir genauso geht.

Wincent Weiss – Roundabouts

Eifersucht

Was denkst du über Eifersucht?
Hältst du sie für ein Kompliment oder ein Problem?
Oder gar für eine Beleidigung?

Beweist Eifersucht, wie wichtig einem der andere ist?
Dass man Angst davor hat, diese Person zu verlieren?
Oder lässt sie uns einfach bloß irrational werden?
Flüstert sie uns Lügen ein
oder macht sie uns scharfsinnig?
Oder ist sie ein Beweis dafür,
dass wir dieser Person nicht vertrauen?

Hältst du Eifersucht für erstrebenswert?
Findest du, sie gehört bei einer Beziehung einfach dazu?
Oder ist sie ein Anzeichen dafür,
dass es tieferliegende Probleme zu lösen gibt?
Ist Eifersucht etwas Gutes
oder der Anfang vom Ende?

Ganz egal, was man über Eifersucht auch denken mag,
ob man sie für einen Liebesbeweis
oder für ein Problem hält,
es gibt Grenzen.

Es ist nicht normal,
dass du auf andere losgehst,
nur weil ich mit ihnen rede.
Es ist nicht normal,
dass du mir ständig unterstellst,
dich in meinem Kopf zu betrügen.
Es ist nicht normal,
dass du in jedem eine Bedrohung siehst.
Es ist nicht normal,
dass du verlangst,
dass ich niemanden außer dir in meinem Leben habe.

Ob du nun denkst, deine Eifersucht beweist,
wie viel ich dir bedeute,
dass du mich liebst und nicht verlieren willst,
versteh doch, dass du mich so auf jeden Fall verlierst!
Du kannst mich nicht einsperren.
Du kannst nicht von mir verlangen,
mich von allen und jedem fernzuhalten,
einzig und allein dir zu gehören.

Ich weiß, du liebst mich,
aber deine Eifersucht
lässt meine Gefühle für dich verdorren
wie eine Blume,
die zu oft in der Sonne steht,
ohne gegossen zu werden.

Versteh bitte,
dass ich auch andere Menschen
in meinem Leben brauche,
sie sind mein Wasser.
Wenn du das nicht kannst,
werden wir keine Zukunft haben.

Mark Foster – Bow before you

ALLES

Du sagst: Vertrau dich mir an.
Du sagst: Lass mich dein Anker sein.
Du sagst: Lass mich dein Zuhause sein.
Du sagst: Gib mir dein Herz, ich werde es beschützen.

Du sagst: Lass mich dein Krieger sein.
Du sagst: Lass mich deine Rettung sein.
Du sagst: Lass meine Arme deinen Körper halten.
Du sagst: Vertrau mir deine Sorgen an.

Du sagst: Lass mich deine Tränen trocknen.
Du sagst: Lass mich dir meine Liebe beweisen.
Du sagst: Du wirst nie wieder alleine sein.
Du sagst: Ich werde immer bei dir sein.

Du sagst: Lass meine Arme deine Zuflucht sein.
Du sagst: Lass mich dein sicherer Ort sein.
Du sagst: Lass mich dein Alles sein.
Du sagst: Du wirst immer mein Alles sein.

Noch nie habe ich mich so sicher gefühlt
wie bei dir.
Noch nie habe ich mich so verstanden gefühlt

wie von dir.
Noch nie habe ich mich so beschützt gefühlt
wie bei dir.
Du willst mein Alles sein,
Schatz, das bist du schon längst.
Du bist mein Alles.
Meine Welt beginnt und endet mit dir.
Und das wird auch immer so sein.

Moses Pelham feat. Stefanie Kloß – Meine Heimat

Johannes Oerding – Hoffnung

FÜR *dich*

Manchmal tut es immer noch weh, weißt du?
Die Erinnerung an dich.
Ich weiß, ich hab dir versprochen weiterzumachen,
die Trauer zu überwinden
und nicht mein Leben in Erinnerungen zu verbringen.

Du hast dir gewünscht,
dass ich eine Zukunft habe,
eine richtige Zukunft.
Ich sollte nicht das ständig traurige Mädchen sein,
sondern lachen,
tanzen
und fröhlich sein.

Hast du eine Ahnung wie schwer das ist?
Es gab und gibt so viele Tage,
an denen ich nicht aufstehen will,
weil der Gedanke, mich der Welt
und dem Schmerz zu stellen,
unerträglich scheint.

Oft genug habe ich dem nachgegeben.
Aber immer wieder,
beinahe jeden Tag,
bin ich eben doch aufgestanden.
Auch wenn es sich angefühlt hat,
als würde mit jedem Schritt
ein weiteres Stück aus meinem Herz gerissen.

Und irgendwann hab ich es sogar geschafft,
wieder in einen Club zu gehen,
ohne deinen Arm um meine Schulter.
Es war hart.
Und dann spielte die Band unser Lied
und es war, als wärst du wieder neben mir.
Ich konnte dich spüren,
deine Wärme,
dieses Gefühl, das nur du mir geben kannst.
Ich habe gelacht,
geweint
und es war Himmel und Hölle zugleich.

Ich liebe meine Erinnerungen an dich,
aber oft genug brechen sie mir auch das Herz,
weil ich weiß,
dass keine weiteren dazu kommen werden.
Aber ich werde tun, worum du mich gebeten hast,
ich werde mein Leben leben.
Für dich.

Michael Patrick Kelly - Ich tanze leise

TOLERANZ

Manchmal frage ich mich,
wie unsere Welt nur so gegensätzlich sein kann.
Immer wieder sind wir so weltoffen und tolerant,
dann wieder scheint die Welt
in Hass und Vorurteilen zu ertrinken.
Wie kann das sein?
Wie passt das zusammen?

Wie kann es sein,
dass Abtreibung heute wieder verboten wird?
Wie kann es sein,
dass Gesetze erlassen werden,
die Homosexualität unsichtbar machen sollen?
Wie passt das in unsere Zeit?
In unsere Welt?

Ich verstehe einfach nicht,
warum Menschen intolerant sein wollen.
Warum?
Wir sind doch alle Menschen.
Und wir alle wollen frei sein.
Freiheit bedeutet Toleranz!
Ohne Toleranz können wir nicht frei sein,
denn Intoleranz ist es, die uns in Ketten legt.

Wieso reagieren noch heute so viele Menschen
mit Hass und Ablehnung,
auf Homosexualität?
Oder Transsexualität?
Ich verstehe es nicht!
Der Mensch bleibt doch der gleiche,
egal, ob er schwul ist
oder lesbisch,
oder bi,
ob er sich im falschen Körper fühlt
und das richtigstellen lassen will,
oder sich einfach anders kleidet als andere.
Auf das Innere kommt es an
und das ändert sich doch nicht.

Wieso sollen homosexuelle Paare nicht heiraten dürfen?
Liebe ist doch Liebe oder nicht?
Warum soll ein Mensch nicht selbst über sein Leben
und seinen Körper bestimmen dürfen?
Wieso schaffen wir es nicht, einfach offen zu sein?
Und allen Menschen mit Toleranz,
Freundlichkeit
und Liebe zu begegnen?
Wir alle wollen doch letztlich das gleiche:
Freiheit.
Liebe.
Selbstbestimmung.
Familie.

Frieden.
Und eine Zukunft.

Toleranz ist der Garant für Freiheit,
für Frieden,
für ein zufriedenes Leben.
Denk mal darüber nach.
Wäre es nicht viel schöner,
allen Menschen mit Freundlichkeit zu begegnen,
anstatt sie für Dinge zu hassen,
die sie nicht ändern können?
Warum stören sie dich?
Warum kannst du dich nicht einfach daran erfreuen,
dass unsere Welt so viele Facetten hat?

Stefanie Heinzmann - Ungeschminkt

Reue

Ich weiß, es ist schwer.
Ich weiß, du hast dir schon zu oft die Finger verbrannt.
Deine Narben kann keiner sehen,
aber wir wissen beide,
dass sie da sind.
Du machst einen auf hart,
tust so, als hättest du kein Herz, das brechen kann.
Du begegnest allen mit Kälte,
mit Spott und Verachtung,
aber ich habe in deine Augen gesehen,
als dir klar geworden ist,
wie sehr deine Worte mich getroffen haben.

Du wolltest mich verjagen wie alle anderen auch,
wolltest mir weh tun,
bevor ich eine Chance bekomme,
dir weh zu tun.
Vertrauen fällt dir noch viel, viel schwerer als mir.
Während ich versuche, unsichtbar zu sein,
gehst du zum Angriff über.
Deine Worte sind wie Skalpelle,
nur eine beiläufige Berührung
und schon klafft eine tiefe Wunde auf.

Dir war nicht klar,
dass ich nicht so widerstandsfähig bin wie andere.
Dass ich deine Worte nicht einfach abhaken kann,
sondern sie sich in meine Seele krallen
und mit ihren Widerhaken
immer tiefere Wunden reißen,
je mehr ich versuche, sie zu entfernen.

Ich habe den Schock in deinen Augen gesehen,
die Scham.
Nur einen Moment lang hast du nicht aufgepasst
und ich habe gesehen, was wirklich in dir vorgeht.
Du hast erkannt, dass du zu weit gegangen bist.
Seitdem versuchst du, es wieder gut zu machen,
und ich wünschte, es wäre so leicht.

Ich wünschte, ich wäre stärker
und könnte es einfach abschütteln.
Ich möchte nicht,
dass du dich mit Schuldgefühlen quälst,
obwohl du wirklich Schuld auf dich geladen hast,
aber wir wissen beide,
dass du eigentlich schon längst genug gelitten hast.

Egal, wie oft du beteuerst, wie sehr du es bereust,
wie oft du mir sagst, dass du die Worte zurücknimmst,
ich weiß einfach nicht, wie ich sie aus meinem Kopf,
aus meinem Herz,

und aus meiner Seele bekommen soll.
Ich will nicht, dass du dich schlecht fühlst,
aber ich weiß nicht, wie ich den Schmerz verwinden soll,
den deine Worte mir zugefügt haben.

Vielleicht braucht es einfach nur Zeit.
Und vielleicht hilft es uns beiden,
diesen Prozess gemeinsam zu durchlaufen.
Wir machen beide neue Erfahrungen.
Du erlebst, wie es ist,
etwas aufrichtig zu bereuen,
etwas wieder ungeschehen machen zu wollen,
jemanden zu heilen, anstatt ihn zu verletzen.
Und ich erlebe zum ersten Mal, wie es ist,
jemanden vor mir stehen zu haben,
der es zutiefst bereut, mich verletzt zu haben.
Dass sich jemand um mich bemüht,
mir helfen, anstatt schaden will.

Ich weiß nicht, wie lange es dauernd wird,
bis ich in der Lage sein werde zu verwinden,
was du getan hast.
Ich kann dir keinen Zeitrahmen nennen.
Aber ich hoffe, dass ich es eines Tages schaffen werde
und dass wir am Ende vielleicht beide
andere Menschen sind.
Ich hoffe, dass ich danach
vielleicht nicht mehr ganz so leicht zu verletzen bin

und dass du diesen Drang loswirst,
deine Worte wie Waffen einzusetzen,
jetzt, wo du die Konsequenzen gesehen hast.
Vielleicht heilen wir beide.
Dann wäre es den Schmerz wenigstens wert gewesen,
denkst du nicht?

Stefanie Heinzmann – Ungeschminkt

MOSAIK

Du glaubst, du hast mich gebrochen.
Aber du kannst nichts zerbrechen,
was schon längst zerbrochen war.

Manchmal glaube ich,
es ist ein Vorteil,
dass ich schon so viele Jahre
nur noch aus notdürftig geklebten Scherben bestehe.
Wenn sie wieder einen Schlag bekommen
und erneut auseinanderfallen,
ist nicht so viel kaputt wie früher.

Ich sammle die Scherben wieder auf,
manche sind jetzt kleiner als früher,
aber trotzdem lassen sie sich kleben,
sie lassen sich immer kleben.

Mein Herz ist ein Mosaik
aus hunderttausend kleinen Scherben.
Sie alle leuchten in unterschiedlichen Farben,
eine Farbe für jede Verletzung.
Weißt du, wie viele Farben es gibt?
Ungefähr 20 Millionen.

Legst du es darauf an,
dass mein Mosaik am Ende
aus genau so vielen Farben besteht?
Immer wieder stößt du es über die Kante,
es fällt,
zersplittert noch weiter
und ich setze die Teile wieder
zu neuen Mustern zusammen.

Wird das je ein Ende haben?
Ich wünschte, ich wüsste es.
Aber was ich weiß, ist,
dass sie sich immer wieder kleben lassen.

Stefanie Heinzmann - Ungeschminkt

MÄNGEL*exemplar*

Kennst du den Begriff „Mängelexemplar"?
Weißt du, was das ist?
Damit wird ein Buch mit optischen Mängeln bezeichnet.
Es hat also zum Beispiel Knicke
oder Risse,
Dellen
oder auch Druckfehler.

Ein Mängelexemplar
ist von der Buchpreisbindung befreit
und meistens werden sie
auf Grabbeltischen angeboten –
für wenig Geld.
Manchmal komme ich mir vor,
als wäre auch ich ein Mängelexemplar.

Auch ich habe optische Mängel.
Ich bin dick,
habe Narben.
Ich bin bei Weitem nicht perfekt.
Aber wenn wir ehrlich sind, wer ist das schon?
Warum machen meine Fehler
mich dann zu einem Mängelexemplar

und die anderen nicht?
Warum wiegen meine Unperfektheiten schwerer
als ihre?
Warum macht mich das zu Ausschuss
und sie alle nicht?

Warum liege ich auf dem Wühltisch
und alle anderen stehen schön aufgereiht im Regal?
Warum bin ich weniger wert als sie?
Können nicht auch Mängelexemplare geliebt werden?
Und so liege ich hier und warte darauf,
dass jemand mein wahres Potenzial erkennt
und mich in sein Regal stellt.

Stefanie Heinzmann - Ungeschminkt

SEI ...

Sei schlank, aber bitte nicht zu dürr.
Sei kurvig, aber bitte nur an den richtigen Stellen.
Sei immer top geschminkt, aber nicht zu sehr.
Sei natürlich, aber lass dich nicht gehen.
Sei sexy gekleidet, aber nicht wie eine Schlampe.

Sei immer lieb und fügsam, aber nicht schwach.
Sei kompetent, aber bitte nicht mehr als ich.
Sei selbstbewusst, aber nicht arrogant.
Sei durchsetzungsfähig, aber keine Zicke.
Sei immer gut gelaunt, aber nicht überdreht.

Sei ...
Ja, was willst du eigentlich noch von mir?
Was soll ich noch alles deinen Wünschen anpassen?
Was soll ich noch aufgeben, damit du zufrieden bist?
Ist dir bei all deinen Forderungen
eigentlich einmal der Gedanke gekommen,
dass mir deine Zustimmung,
deine Billigung,
deine Wünsche,
vollkommen egal sind?

Ich bin ich
und ich bleibe ich,
ganz egal, was du von mir willst.

Stefanie Heinzmann - Ungeschminkt

Schmerz

Wir alle kennen Schmerz.
Es gibt ihn in verschiedensten Formen und Farben.
Er kann stechend sein
oder dumpf,
weißglühend oder rot.
Egal, welche Form er auch annimmt,
er tut immer weh.

Es gibt den Schmerz, den jeder sehen kann,
eine blutende Wunde versteckt man nicht so leicht.
Aber wenn es deine Seele ist, die blutet,
sieht das niemand.

Manche Schmerzen schreien deinem Umfeld entgegen,
dass es sie gibt,
durch Narben,
mal rot,
mal rosa,
mal weiß.
Vielleicht bemerkt sie nicht jeder auf den ersten Blick,
aber du schon.
Sie ziehen deinen Blick magisch an
und wühlen den Schmerz immer wieder auf.

Aber was ist mit den Narben, die keiner sehen kann?
Sie sind die stummen Zeugen deines Schmerzes,
unsichtbar für die Welt,
aber nicht für dich.

Schmerz
kann die unterschiedlichsten Formen annehmen.
Verlust,
Zurückweisung,
Ablehnung,
Beschimpfung,
Betrug,
Verrat.

Was denkst du ist schlimmer?
Der körperliche Schmerz einer Verletzung,
die irgendwann verheilt,
oder der seelische Schmerz
Gott weiß wie vieler kleiner und größerer Schnitte
in deinem Inneren?

In den meisten Fällen,
wird der körperliche Schmerz irgendwann weniger,
der seelische ist der,
der uns oft jahre- und jahrzehntelang erhalten bleibt.
Diese Wunden verheilen selten ganz,
sie neigen eher dazu, irgendwann,
ganz plötzlich,

ohne Vorwarnung wieder aufzubrechen
und uns aus der Bahn zu werfen.

Joris - Aileen

MEINE *Worte*

Es tut mir leid, dass ich nicht so leicht vertrauen kann
wie andere.
Es tut mir leid, dass ich nicht so offen sein kann,
wie du es dir wünscht.
Ich habe viel zu viel Zeit damit verbracht,
das, was mich verletzt, zu verstecken.
Ich weiß, dass dir klar ist,
dass ich dir etwas verheimliche.
Ich weiß, dass du weißt, dass es eine Lüge ist,
wenn ich auf deine Frage, wie es mir geht,
mit „gut" antworte.

Wir wissen beide, dass ich viel mit mir herumtrage.
Ich trage so viel Schmerz mit mir herum,
so viel Ballast,
aber ich weiß auch,
dass ich ihn nie ganz loswerden kann.

Du wünschst dir, dass ich dir anvertraue,
was es ist, das mich so traurig macht.
Du möchtest, dass ich offen zu dir bin,
dass ich ehrlich alles auf den Tisch lege.
Aber das kann ich nicht.

Nicht, weil ich dir nicht vertrauen würde,
das tue ich,
auch wenn es mir schwerfällt,
ich kann nicht darüber reden.
Zu viele Jahre habe ich mir verboten,
darüber zu sprechen.
Immer, wenn ich es getan habe,
habe ich es hinterher bereut.

Ich habe so lange geschwiegen,
dass mir die Worte
einfach nicht mehr über die Lippen kommen wollen.
Aber du kennst mich
besser als irgendjemand sonst.
Du weißt, wie ich mich ausdrücke.
Das hier ist meine Art der Sprache.
Meine Art, mir alles von der Seele zu reden.

Und diese Worte sind für dich.
Weil ich will,
dass du mich verstehst.
Weil ich will,
dass du nicht mehr unsicher sein musst,
was meine Gefühle für dich anbelangt.
Ich weiß, du musst diese Worte hören,
aber reicht es nicht auch, sie zu lesen?
Zumindest für jetzt?

Vielleicht kann ich sie irgendwann auch aussprechen,
aber noch nicht heute.

Also dreh dieses Blatt um
und wirf einen Blick in meine Seele.
Diese Worte sind nur für dich.
Damit du weißt, dass dir mein Herz gehört,
auch wenn es nicht so hübsch ist,
wie das von anderen.
Es hat so viele Narben,
wurde viel zu oft gebrochen,
aber es schlägt noch.
Holprig, aber es schlägt noch.
Und jeder Herzschlag ist für dich.

Meine Seele besteht aus Abgründen,
die so tief sind,
dass es keinen Weg wieder hinaus zu geben scheint,
wenn man einmal hineingeblickt hat.
Nietzsche hat einmal gesagt:
„Wenn du lange in einen Abgrund blickst,
blickt der Abgrund auch in dich hinein."
In meinem Fall scheint es so zu sein.
Wenn du zu lange in meine Abgründe blickst,
siehst du vielleicht Dinge, die du nicht sehen wolltest,
die du aber auch nicht ungesehen machen kannst.

Ich möchte mich dir anvertrauen.
Ich möchte offen sein.
Ich werde meine Dunkelheit mit dir teilen,
dir meine Dämonen und Abgründe zeigen,
auf meine Art.
Meine Worte sollen dir den Weg leuchten
und dir helfen, mich endlich zu verstehen.

Bitte, nutze dieses Geschenk weise,
ich habe es noch nie jemandem gegeben.
Lass meine Worte vom Papier aus zu dir sprechen.
Das ist alles, was ich dir geben kann.

Johannes Oerding - Immer wenn ich träum

DREAM *big*

Es heißt immer: dream big.
Kein Traum ist zu groß.
Aber stimmt das wirklich?
Ich sage: ja.

Jedes „Das schaffst du nicht!" macht mich stärker.
Jedes „Hast du dir das gut überlegt?" motiviert mich.
Denn ja, ich habe mir das gut überlegt.
Klar, es ist ein Risiko,
aber es ist mein Traum
und ihn zu leben, fühlt sich so toll an.

Es ist mir egal, wie viele mich fragen,
ob ich „wirklich davon leben" kann.
Es ist mir egal, wie viele meinen Traum geringschätzen
oder meine Arbeit nicht als Arbeit sehen.
Es ist mir egal,
denn das ist mein Traum
und den lasse ich mir nicht wegnehmen!
Von niemandem!

Meine Träume gehören mir.
Ich lebe meinen Traum
und wenn es schief geht,
werde ich trotzdem nichts bereuen,
denn solange ich ihn leben kann, genieße ich es.
Und ich verrate dir etwas: Es fühlt sich toll an.

Also ja: Dream big!
Und scheiß drauf, was alle anderen sagen.

Joris – Send a prayer

FARBEN

Ich glaube, wir alle haben ein festes Bild davon im Kopf,
wie unser Leben zu sein hat.
Wir malen es mit kräftigen Farben auf die Leinwand,
Rot,
Grün,
Blau,
Violett ...
Wir ziehen nie in Erwägung,
dass der Wasserbecher auch umkippen kann
und die Farbe verläuft.

Was machst du,
wenn deine Farben einfach verlaufen?
Wenn das Bild,
das du von deinem Leben gemalt hast,
unscharf wird,
immer mehr verwischt
und vielleicht am Ende
überhaupt nicht mehr zu erkennen ist?

Versuchst du, es zu reparieren?
Oder fängst du wieder von vorne an?
Und wenn du wieder von vorne anfängst,
wird es am Ende wieder genauso aussehen wie vorher?

Oder wirst du neue Wege gehen?
Neue Kombinationen ausprobieren?
Vielleicht mutiger werden
oder vorsichtiger?
Wirst du darüber fluchen,
dass der Becher umgekippt ist,
oder dafür dankbar sein?

Johannes Oerding – Time Out

Fremder

Manchmal frage ich mich,
ob es nicht erleichternd wäre,
einfach mal einer fremden Person
alles anzuvertrauen,
was einen belastet.
All den Schmerz,
all die Schuldgefühle,
all die Wut,
einfach alles.

Denkst du, es würde guttun?
Alles bei einer fremden Person abzuladen?
Oder würde man das gar nicht erst über sich bringen?
Wären die Hemmungen vielleicht zu groß?
Oder das Vertrauen zu gering?

Würdest du es tun?
Würdest du deine größten Ängste,
deinen Schmerz,
einfach alles,
einem völlig Fremden anvertrauen?

Ich weiß nicht, ob ich das könnte.
Ich stelle es mir als erleichternd vor,
es einfach alles einmal auszusprechen,
es sich von der Seele zu reden
oder zu schreiben,
es erstmals loszulassen.

Vielleicht, wenn es jemand wäre,
den ich danach niemals mehr wiedersehen würde,
vielleicht könnte ich es dann tun.
Vielleicht aber auch nicht.
Ich weiß es nicht.

Könntest du es tun?

Joris - Du und ich

ICH *sehe dich*

Hallo Fremder.
Ja, du.
Ich rede mit dir.
Du, in dem Kapuzenshirt.
Ich weiß, dass du mich hören kannst.
Ich weiß, dass du da bist.
Du bist immer da.

Du willst gesehen werden.
Ich weiß nicht, wie lange du mir schon folgst,
wie lange ich deine Blicke schon auf mir spüre,
es gehört vielleicht einfach schon zu lange
zu meinem Alltag dazu.
Ich sehe dich.
Ich sehe dich
und ich wünschte, ich würde es nicht.

Warum ich?
Warum hast du dir mich ausgesucht
für all deine kranken Spielchen?
Hast du überhaupt eine Ahnung,
was du mir angetan hast?

Du hast mir meine Unbeschwertheit genommen.
Du hast mir meinen Glauben
an die Menschen genommen.
Du hast mir das Gefühl der Sicherheit genommen.
Du hast mir meine Fähigkeit zu schlafen genommen.
Du hast mir mein Leben gestohlen
und dafür hasse ich dich.

Du hast mein Leben in ein Davor
und ein Danach geteilt.
Davor war ich glücklich,
zufrieden,
unbeschwert,
vertrauensselig.
Heute, im Danach, bin ich ängstlich.
Ständig spüre ich deine Blicke auf mir,
frage mich, ob heute der Tag ist,
an dem du mich angreifen wirst,
der Tag, an dem du mich töten wirst.

Ich weiß nicht, worauf du es abgesehen hast.
Willst du mir Angst machen?
Das hast du geschafft.
Willst du mir das Gefühl geben,
nirgendwo mehr sicher zu sein?
Auch das hast du geschafft.
Willst du, dass meine Nächte aus Albträumen bestehen?
Das ist dir gelungen.

Willst du, dass ich mich nicht mehr
aus dem Haus traue?
Auch das hast du erreicht.
Wann ist es genug?

Du weißt genau, wo die Grenzen verlaufen.
Wie viel du dir herausnehmen kannst,
ohne belangt werden zu können.
Du hast dieses Spiel wohl schon öfter gespielt.
Aber wie soll es enden?
Wird es je enden?
Oder soll mein Leben jetzt für immer so aussehen?

Ich rede mit dir!
Was willst du?
Wann wird es genug sein?
Wann wirst du mich endlich in Ruhe lassen?
Sag es mir!
Ich weiß, dass du mich hörst.
Ich sehe dich.

Julien Baker - Over

Soundtrack

Eva Cassidy – Fields of Gold
Lady Antebellum – Just a kiss
David Gray – Slow Motion
Shawn Mendes – In my blood
Lina Maly – Schön genug
Sarah Connor – Wie schön du bist
Maisy Stella – Dear Fear
Wincent Weiss – Right now
Elle Fanning – Dancing on my own
Denmark + Winter – Enjoy the silence
Ilse Delange – Leiser
Turin Brakes – Save You
Imagine Dragons – Dream
Egon – Flügel
Elle Fanning – Don't kill my vibe
Meatloaf ft. Marion Raven – It's all coming back to me now
Meatloaf – I'do anything for love (but I won't do that)
Peter Bradley Adams – The longer I run
Kelly Clarkson – Because of you
Lewis Capaldi – Bruises
Matt Berninger – One More Second
Stefanie Heinzmann – Little Universe
Johannes Oerding – Diggin' in the dirt
K.D. Lang – Anywhere but here
Johannes Oerding – Time Out
Zoey Wees – Hold me like you used to
Zoey Wees – Ghost
Stefanie Heinzmann – Ungeschminkt
Max Giesinger – So wie du bist
Wakey Wakey feat. Amanda Lo – Lean on
Niki Reiser – Jenseits der Stille
Johannes Oerding & Stefanie Heinzmann – Diggin' in the dirt
Lea – Walk in your shoes
Wincent Weiss – Roundabouts
Mark Foster – Bow before you
Moses Pelham feat. Stefanie Kloß – Meine Heimat
Johannes Oerding – Hoffnung
Michael Patrick Kelly – Ich tanze leise
Joris – Aileen

Johannes Oerding – Immer wenn ich träum
Joris – Send a prayer
Joris – Du und ich
Julien Baker – Over

ANDREA BENESCH

DARK Rose

GEDANKEN, GEFÜHLE, GEDICHTE

DARK ROSE – Gedanken, Gefühle, Gedichte
Andrea Benesch

Taschenbuch: 9783903248649, 360 Seiten, € 16,90
E-Book: 9783903248489, € 6,99
Hardcover: € 19,90 (nur auf www.andrea-benesch.de)

Verlag SchriftStella
Erschienen im Juni 2020

Was machst du, wenn sich die Gedanken in deinem Kopf
überschlagen? Wenn sich die Gefühle zu einer
gigantischen Welle auftürmen und alle Dämme zu
brechen drohen?

Ich schreibe. Zeile um Zeile, Strophe um Strophe,
Gedicht um Gedicht banne ich meine Gedanken, meine
Gefühle, meine Seele auf Papier. Ich schließe sie ein und
verarbeite, was mich sonst zu übermannen versucht.

Ich hoffe, meine Worte berühren dich, begleiten dich und
bedeuten dir so viel wie mir.

**Dark Rose bin ich und vielleicht auch
ein kleines bisschen du?**

TINTENTRÄNEN – Gefühle auf Papier
Andrea Benesch

Taschenbuch: 9783903248496, 200 Seiten, € 9,90
E-Book: 9783903248564, € 2,99
Hardcover: € 12,90 (nur auf www.andrea-benesch.de)
Verlag SchriftStella
Erschienen im Juni 2020

Wie gehst du mit Gefühlen um? Wenn die Emotionen hohe Wellen schlagen und der Schmerz einfach zu groß wird? Ich schreibe. Ich verwandle meine Gefühle in Tintentränen und lasse sie aus mir fließen, bis der Druck nachlässt. Ich schließe meinen Schmerz, meine Trauer, all meine Gefühle in meinen Worten ein und banne sie auf Papier.

Das ist meine Art, mit dem Schmerz umzugehen. Die Worte kommen zu mir, wann immer mir alles zu viel wird. Sie tauchen in meinem Kopf auf und sorgen dafür, dass ich mir alles von der Seele schreiben kann. Sie sind meine Rettungsleine, mein Fels in der Brandung, mein sicherer Hafen.

Vielleicht können sie das auch für dich sein. Fang meine Tintentränen auf, lass sie in dein Herz und ich hoffe, sie können auch dir dabei helfen, so manches zu verstehen und zu verarbeiten. Das wäre mein größter Wunsch.

PAPERCUTS – Tränen, Worte, Gedichte
Andrea Benesch

Taschenbuch: 9783753402826, 208 Seiten, € 9,90
E-Book: 9783753466989, € 2,99
Hardcover: € 12,90 (nur auf www.andrea-benesch.de)
Erschienen im Februar 2021

Manche Wunden reichen tief. Sie hinterlassen Narben. Schnitte auf der Seele wie Papercuts. Sie sind klein, aber sie brennen ganz fürchterlich. Und manchmal bluten sie sogar.

In meinem Fall bluten sie Worte und Tinte.

Tropfen um Tropfen formen sie Buchstaben und Worte, Gedicht um Gedicht. Sie sind ein Teil von mir und wenn du sie liest, werden sie auch ein Teil von dir.

Lass dich mitnehmen auf eine Reise durch meine Seele und vielleicht erkennst du auch ein Stück von dir in meinen Worten.

SEELEN
Splitter

GEDANKEN, WORTE,
GEDICHTE

ANDREA BENESCH

SEELENSPLITTER – Gedanken, Worte, Gedichte
Andrea Benesch

Taschenbuch: 9783753496238, 214 Seiten, € 9,90
E-Book: 9783754309636, € 2,99
Hardcover: € 12,90 (nur auf www.andrea-benesch.de)
Erschienen im Mai 2021

Meine Seele ist zersplittert, das ist sie schon lange. Viele scharfkantige Splitter und ich mittendrin bei dem Versuch, sie irgendwie zu kleben.

Dieses Buch enthält einige dieser Splitter – vielleicht muss ich sie alle zwischen Buchdeckel legen, damit sie sich wieder verbinden. Was denkst du?

Meine Worte sind der Klebstoff, der sie wieder zusammenfügt.

Traust du dich, die Splitter meiner Seele zu lesen? Sie vielleicht sogar in dein Herz zu lassen?

DANK*sagung*

Wir leben noch immer in unsicheren Zeiten. So viel hat sich in den letzten beiden Jahren verändert. Aber ich bin dankbar. Dankbar für meinen mittlerweile fünften Gedichtband. Für euch, meine Leserinnen und Leser. Danke, für eure E-Mails, PNs, Storys, Rezensionen und allgemein für alles. Ich bin eine Autorin wie jede andere und freue mich über jedes positive Feedback von euch. Aber auch eure Kritik ist mir sehr willkommen. Ich liebe den Austausch mit euch und hoffe, dass ihr auch weiterhin den Kontakt mit mir sucht.

Ein großes Danke geht auch an meine Coverdesignerin Emilia Cole von Coverstube für dieses Traum-Cover, in das ich mich sofort verliebt habe. Jedes Mal, wenn ich es sehe, geht mir wieder das Herz auf. Danke!

Und auch dieses Mal geht ein dickes Danke an Muse. Wir haben ja regelmäßig unsere Konflikte. Ich schimpfe viel über dich, wenn du mich beim Zähneputzen störst und mich auslachst, wenn ich versuche, die Worte möglichst schnell aufzuschreiben, oder wenn du mich mitten in der Nacht zum Schreiben weckst.

Aber ich habe auch nicht vergessen, was ich dir verdanke und wie oft du mich schon vor dem Untergang bewahrt hast. Du bist meine andere Hälfte und ich bin dir wirklich unendlich dankbar.

ÜBER *die Autorin*

Ich habe Geschichte und Germanistik an der Heinrich-Heine-Universität in Düsseldorf studiert. Anschließend habe ich eine Promotion in Siegen begonnen, diese aber bis auf Weiteres zugunsten meiner Tätigkeit als freie Lektorin aufgegeben. Mehr dazu ist hier zu finden: www.lektorat-federundeselsohr.de

Neben dem Schreiben von Gedichtbänden und meiner Arbeit lese ich leidenschaftlich gerne und rezensiere Bücher auf meinem eigenen Blog *Feder und Eselsohr* (www.federundeselsohr.de). Ihr findet mich als *Dark Rose* in verschiedenen Schreibweisen in so ziemlich jeder Buchcommunity und unter dem Namen meines Blogs in den sozialen Medien:

Facebook (Andrea Benesch/Feder und Eselsohr)
Twitter (FederEselsohr)
Instagram (Feder und Eselsohr)
YouTube (Feder und Eselsohr)

Außerdem habe ich seit Kurzem auch eine eigene Autorenseite samt Onlineshop:

www.andrea-benesch.de